CES RICHES QUI NE PAIENT PAS D'IMPÔTS

BRIGITTE ALEPIN, CA, M.Fisc.

CES RICHES QUI NE PAIENT PAS D'IMPÔTS

ÉDITIONS DU MÉRIDIEN

L'éditeur remercie le PADIÉ et la Sodec pour leur appui à son programme de publication et de diffusion.

Données de catalogage avant publication (Canada)

Alepin, Brigitte

    Ces riches qui ne paient pas d'impôts

    Comprend des réf. bibliogr.

    ISBN 2-89415-296-5

    1. Fraude fiscale - Canada. 2. Sociétés - Impôts - Canada. 3. Abris fiscaux - Canada. 4. Paradis fiscaux - Canada. 5. Fraude fiscale - Québec (Province). 6. Fraude fiscale - Canada - Cas, Études de. I. Titre.

HV6344.C3A43 2004   364.1'33   C2004-940095-9

CES RICHES QUI NE PAIENT PAS D'IMPÔTS
www.cesriches.com

Révision: Geneviève Breuleux
Montage: MCM, Compo/Montage
Couverture: Roger DesRoches, SERIFSANSERIF
Photo de l'auteure: Samuel Rioux

ÉDITIONS DU MÉRIDIEN
1980 ouest, rue Sherbrooke suite 540
Montréal (Québec) H3H 1E8
Téléphone: (514) 935-0464
Télécopieur: (514) 935-0458
info@editionsdumeridien.com
www.editionsdumeridien.com

ISBN 2-89415-296-5

Dépôts légaux: 1er trimestre 2004
Bibliothèque nationale du Québec
Bibliothèque nationale du Canada

Merci à Cécile Larrivée,
Suzanne Cloutier et Johanne Gagnon,
trois grandes femmes qui ont eu plus de confiance en moi
que moi-même.

« Il faut absolument que les Canadiens
aient confiance au régime fiscal.
Ils ont le droit de demander que tout le monde
paie sa juste part d'impôts ».

Paul Martin

INTRODUCTION

« Est-il vrai qu'il existe au Canada des riches qui ne paient pas d'impôts? » Il s'agit d'une question fondamentale dans la mesure ou 60 % de nos revenus sont destinés au paiement des taxes et des impôts.

Mon nom est Brigitte Alepin. Je suis comptable agréée et j'exerce depuis quinze ans ma profession à titre de fiscaliste. Je suis une personne motivée par la vérité et la justice : je n'y puis rien, c'est tout mon être qui s'engage en ce sens et je n'ai pas d'autres choix que d'œuvrer dans ce contexte. Depuis déjà quelques années, je me suis intéressée à un sujet bien particulier : celui des injustices de notre système fiscal.

Il existe une règle en impôt à l'effet que les contribuables, riches et moins riches, ont le droit d'organiser leurs affaires de façon à payer le moins d'impôts possible. Cette règle est juste et nécessaire. Par exemple, toute personne avisée placera à chaque année une partie de ses revenus dans un REÉR, ce qui lui donnera droit à des déductions fiscales. Un peu de la même façon, une entreprise utilisera son droit de reporter ses impôts dans le contexte de ses investissements en immobilisations, ce qui mènera à la création d'emplois et contribuera à l'enrichissement collectif. Cependant, et tel que vous pourrez le constater à la lecture de certains chapitres de ce livre, il existe une catégorie d'individus et de sociétés, pour la plupart riches et puissants, qui fonctionnent d'une façon très particulière : ils abusent du système. Certains pratiquent l'évitement fiscal et d'autres l'évasion fiscale.

Certains faits relatés dans cet ouvrage sont connus, ayant déjà été mentionnés dans les médias. D'autres sont inédits. Pourtant, mon objectif en écrivant ce livre n'était pas de jouer au détective avec le fisc et d'en divulguer les dossiers, tâche impossible compte tenu de la confidentialité fiscale dont jouissent tous les citoyens. L'objectif ultime de ce livre est beaucoup plus important, il s'agit d'expliquer dans un langage simple et accessible les manœuvres des riches Canadiens qui réussissent à ne pas payer d'impôts et de bien comprendre l'iniquité fiscale qui en résulte. Je n'ai pas la prétention d'avoir couvert tous les abus qu'ont pu commettre cette catégorie de contribuables, abus commis parfois avec la complaisance de l'État. Mais je traiterai suffisamment du sujet pour vous démontrer qu'il existe effectivement des riches au Québec et au Canada qui ne paient pas leur juste part d'impôts, que le manque à gagner pour l'État est énorme et que nous n'avons plus les moyens de le supporter.

Ce livre illustre la place privilégiée réservée aux riches dans notre système fiscal, et présente une critique de ce système relativement à son iniquité et à ses lacunes.

Bien que les lois fiscales et les stratégies employées par ces contribuables soient souvent complexes, vous constaterez tout au long de votre lecture, qu'il a été important pour moi de les simplifier tout en conservant leur authenticité et ce, dans le but bien précis de faire connaître la situation au plus grand nombre de contribuables possible. Le fait d'être conscient et d'être en mesure de mesurer les conséquences encourues pour l'ensemble de la société permettra peut-être de freiner ces riches contribuables qui, égoïstement, s'en prennent dans les faits à votre portefeuille.

Je souhaite donc qu'en lisant ce livre, vous ressentiez ce besoin pressant d'apporter des changements au système fiscal afin qu'il soit plus équitable et juste pour tous. Pour y arriver, il faut d'abord avoir le courage de sortir des rangs de l'*establishment* ce qui m'apparaît comme étant le plus gros obstacle. En fait, j'ai constaté que dans notre société, il faut être honnête sans vraiment dire la vérité et si on s'aventure à critiquer le système, il est préférable de chuchoter. Malgré cette tendance, j'ai tout de même choisi de parler, et la peur, je la laisse aux autres.

PREMIÈRE PARTIE

DEUX CAS NOTOIRES : LES CHAGNON ET LES BRONFMAN

Chapitre 1

UNE PARTIE DE POKER DE 5,4 MILLIARDS DE DOLLARS

– André Chagnon est-il un magicien? –La multiplication des pains – Une partie de poker de 5,4 milliards de dollars – La transaction, en bref – Qui sont les grands gagnants? – Claude Chagnon : 200 000 $ de l'heure!

André Chagnon, cet électricien devenu homme d'affaires, a bâti un véritable empire en utilisant toutes les ressources financières de l'État pour ensuite le vendre au plus offrant et à l'abri de l'impôt et ce, en toute légalité. André Chagnon s'est d'abord enrichi grâce à la Caisse de dépôt et placement du Québec, il a ensuite consolidé sa position avec le fisc et a terminé sa belle aventure en nous mettant dans une situation où nous devons l'admirer tout en lui demandant la charité… charité qu'il nous fait avec notre propre argent!

André Chagnon est-il un magicien?

On serait porté à croire que monsieur André Chagnon, fondateur de Vidéotron, est un magicien. En effet, il a investi initialement une somme de 100 000 $ dans une entreprise, somme qui, environ 30 ans plus tard, s'est multipliée par 20 000, lui permettant de retirer 1,84 milliard de dollars! Mais comment a-t-il fait pour réaliser un tel tour de force? En fait, malgré un bon sens des affaires, la réussite d'André Chagnon n'a rien de magique : elle provient surtout de l'aide des autorités fiscales, de la Caisse de dépôt et placement du Québec et d'autres organismes gouvernementaux. Le gouvernement est même allé jusqu'à modifier ses propres lois fiscales afin de lui permettre de bien arranger ses affaires.

En fait, nous sommes ici en présence d'un empire québécois qui s'est bâti grâce aux fonds publics.

Si vous et moi tentions d'obtenir une aide quelconque, aussi minime soit-elle, pour démarrer une petite entreprise, on exigerait de nous un solide plan d'affaires, des garanties personnelles, des endosseurs, bref on nous imposerait de multiples obligations qui en décourageraient plusieurs. André Chagnon, lui, n'a pas abandonné, ce qui est tout à son honneur.

La multiplication des pains (De 1965 au 1er janvier 2000)

Tout a débuté le 6 décembre 1965, alors qu'une société portant le nom de Télécâble St-Michel inc. a été constituée en vertu de la Loi sur les compagnies du Québec.

Quinze ans plus tard, en 1980, la société portait le nom de *Le Groupe Vidéotron Ltée* et, ayant accumulé un déficit, elle se trouvait dans une position financière peu reluisante. Vidéotron n'avait surtout pas les moyens d'acquérir une autre entreprise beaucoup plus importante qu'elle. Pourtant, c'est à cette époque que le magicien Chagnon a réussi un premier tour de magie en se portant acquéreur, au coût de 14 millions de dollars, de Câblevision Nationale Ltée, société qui exploitait les réseaux de télédistribution de Montréal, Laval, Québec, Sherbrooke, Victoriaville et Cap-de-la-Madeleine.

Comment a-t-il réussi? Premièrement, André Chagnon a eu du flair : il a offert un montant minimal de 42 $ par abonné (une aubaine déjà à l'époque, alors qu'aujourd'hui, on parle d'une valeur d'environ 3 000 $ par abonné), ce qui équivalait au montant de 14 millions de dollars. Deuxièmement, il a été audacieux : il s'est servi de son entreprise déficitaire comme tremplin. Troisièmement, il a réussi à se trouver un financement d'ami. Et c'est ici que l'on croirait assister à un spectacle de magie.

Pour se porter acquéreur de Câblevision, André Chagnon s'est adressé à la Caisse de dépôt et placement du Québec qui a financé directement ou indirectement plus de 75 % de la transaction. Il faut savoir que la Caisse était alors la principale actionnaire de Câblevision, à titre de détentrice de 30 % du capital action. Dans le cadre de l'acquisition de Câblevision, Vidéotron et la Caisse ont procédé d'une façon très singulière : Vidéotron a cédé 30 % de son capital-action à la Caisse en contrepartie de 8 millions de dollars. Pas si mal pour un début. Ensuite, André Chagnon a négocié auprès de la Banque Toronto Dominion un prêt de 2,6 millions de dollars. En passant, ne croyez pas que cette banque lui a accordé un tel prêt pour ses beaux yeux. Elle a exigé une garantie que Vidéotron n'arrivait évidemment pas à lui fournir. Devinez qui est venue à la rescousse? Nulle autre que la Caisse de dépôt! En résumé, la Caisse a servi Câblevision à André Chagnon sur un plateau d'« argent ».

Allez comprendre comment la Caisse a alors accepté une participation réduite de 30 % dans Vidéotron, alors qu'après la transaction d'achat de Câblevision, la seule équité de la société provenait de l'investissement de 8 millions de dollars de la Caisse. Les dirigeants de la Caisse de dépôt et placement du Québec répliqueront sans doute que la loi leur interdisait de détenir une participation plus importante dans une entreprise. Alors, pourquoi ne pas avoir impliqué des partenaires financiers additionnels?

Évidemment, les privilèges octroyés à Vidéotron ont été maintenus pendant plusieurs années. Après ce premier investissement de 8 millions, Vidéotron devait obtenir encore plusieurs millions de dollars de la Caisse, dont 2 millions en

1984, et 37,5 millions en 1991. En prime, entre 1985 et 1986, Vidéotron a profité d'un important financement de 76 millions de dollars par le biais du Régime d'épargne actions (« RÉA »), programme financé à même nos impôts (voir ci-dessous).

Voici le portrait de Vidéotron en 1986, après les différentes structures de financement qu'elle avait obtenues :[1]

Vidéotron 1986	Investissement total	% de l'investissement	% du contrôle total
Famille Chagnon	100 000 $	0,1 %	60 %
Caisse de dépôt	10 000 000 $	11,7 %	30 %
REAQ (Petits investisseurs)	76 000 000 $	88,2 %	1 %
Divers	---	---	9 %
Total	86 100 000 $	100 %	100 %

Entre 1985 et 2000, Vidéotron poursuivra son expansion en se portant acquéreur de plusieurs sociétés dont Télé-Métropole, le réseau Pathonic, Vidéoway et UBI, qui bénéficiaient elles-mêmes directement ou indirectement de millions de dollars de subventions et d'aide gouvernementale.

Alors que la Caisse poursuivait sa collaboration avec Vidéotron, le fisc, lui, a contribué par différents moyens :

- Le RÉA : Il a permis à Vidéotron d'aller chercher 76 000 000 $ dans le bas de laine des Québécois. Pour les inciter à investir, on a dû leur donner une économie d'impôts totalisant 11 millions de dollars. En contrepartie, notre généreux et charitable Monsieur Chagnon leur a cédé 1 % du contrôle de sa compagnie!

- Vidéotron a réussi à ne pas payer d'impôts pendant plusieurs années. Pis encore, le dernier rapport annuel émis par Vidéotron avant la prise de contrôle par Quebecor en 2000 démontrait qu'elle avait réussi à reporter aux années futures le paiement d'impôts pour une somme totalisant 379 millions de dollars. C'est dire que les autorités fiscales avaient, dans les faits, consenti à Vidéotron un prêt de 379 millions sans intérêts et sans date d'échéance...

Voilà donc quelques facettes du magicien Chagnon : il a réussi à conserver 60 % du contrôle de Vidéotron alors qu'il a investi 860 fois moins que les autres actionnaires. Vous me direz qu'il s'agit d'une pratique courante lorsqu'on procède au financement d'une société publique mais vous conviendrez avec moi que c'est bel et bien l'argent des Québécois qui a permis à monsieur Chagnon de passer d'un statut précaire, avec un investissement de 100 000 $ en 1980 dans une société déficitaire, à un statut de contrôle d'une société ultra riche.

À l'aube de l'an 2000, Vidéotron qui dominait le marché au Québec, était devenue l'un des plus importants câblodistributeurs canadiens, ce qui a forcément suscité l'intérêt d'autres entreprises, particulièrement celle de Rogers Communications. Vidéotron était alors une société publique dont les actions subalternes à droit de vote étaient inscrites aux bourses de Montréal et de Toronto. André Chagnon et ses sociétés de portefeuille familiales, Sojecci Ltée et Sojecci (1995) Ltée, détenaient ou contrôlaient 81,2 % des droits de vote du Groupe Vidéotron Ltée, alors que la Caisse de dépôt et placement du Québec détenait l'autre part de 18,8 %. Il faut savoir qu'au fil des années, la Caisse a réduit volontairement sa participation dans Vidéotron de 30 % à 18,8 %, pour des motifs que je ne réussis pas à m'expliquer... Dès le début de la saga entourant sa prise de contrôle par

Quebecor, appuyée par la Caisse de dépôt, Vidéotron avait accumulé une valeur de plusieurs milliards de dollars.

Une partie de poker de 5,4 milliards de dollars

Tous les pions sont en place et les Chagnon commencent alors leur sprint final. Ils veulent vendre, et ils prendront tous les moyens pour obtenir le meilleur prix, quitte à renier leur généreuse protectrice, la Caisse de dépôt et placement du Québec.

La transaction en bref :

Le 7 février 2000, la société torontoise, Rogers Communications Inc. a conclu une entente ferme avec la famille Chagnon, prévoyant l'acquisition de la compagnie dans le cadre d'un échange d'actions évaluées à quelque 4,4 milliards de dollars. L'offre comprenait également des frais de rupture d'environ 241 millions de dollars dans l'éventualité où Vidéotron se laisserait séduire par un autre acquéreur.

En réaction, le 24 mars 2000, la Caisse obtenait, en invoquant une entente lui accordant un droit de veto sur toute vente de Vidéotron, une ordonnance du tribunal interdisant aux actionnaires de Vidéotron de voter sur l'offre de Rogers.

Monsieur Chagnon fils expliqua alors les circonstances entourant la signature de cette entente avec la Caisse :

- *« Mon père avait fait son financement, mais la Caisse voulait forcer le maintien dans l'équité de l'entité et imposer une convention d'actionnaires. On ne pouvait pas laisser passer cette opportunité, alors il valait mieux se plier aux exigences d'une convention d'actionnaires. »*

Claude Chagnon faisait référence à l'achat de Câblevision en 1980 par Vidéotron. Rappelons-le, la transaction fut conclue pour un prix de 14 millions et elle a été principalement financée par la Caisse.

Pourtant, monsieur Chagnon a la mémoire courte. Le 13 juin, il a précisé dans un communiqué que :

- *« Même si la Caisse réussissait à bloquer cette transaction, elle ne pourrait tout de même pas nous forcer à vendre cette entreprise que ma famille et moi avons bâtie depuis 35 ans, à Quebecor ou à qui que ce soit d'autre ».*

Revenons au 24 mars 2000, puisque ce jour-là, Quebecor et la Caisse de dépôt ont présenté une première contre-offre de 5,9 milliards, soit 49 $ l'action. Pour chaque action, on offrait 28,41 $ en argent comptant, et le solde était composé d'actions de Quebecor Media, une société à être constituée. Suite à la transaction, il était prévu que les actions de Quebecor Media seraient détenues à hauteur de 54,59 % par Quebecor, par Capital Communications CDPQ, une filiale de la Caisse de dépôt et placement du Québec, à hauteur de 14,02 %, le public et la famille Chagnon détiendraient la balance.

Le 31 mars 2000, les Chagnon refusaient la proposition de Quebecor. Monsieur Chagnon expliquait alors que *« L'offre de Rogers est plus intéressante pour l'avenir, c'est celle qui offre le plus de possibilités de croissance. (...) Les actions de Rogers sont très 'liquides' pour les actionnaires qui le désirent. Rogers constitue une valeur sûre, une entreprise de grande taille, comparé à un avenir incertain avec Quebecor Media, qui n'existe pas encore ».* Il fut un temps pas si lointain où la famille n'était pas aussi indépendante.

Le 9 août 2000, Quebecor inc. déposait une offre beaucoup plus alléchante que celle qu'avait formulée Rogers Communications, en février. Elle était disposée à payer 45 $ l'action en argent comptant, alors que Rogers offrait environ 38,10 $ l'action. Le 16 août 2000, Vidéotron indiquait appuyer encore l'offre d'achat de Rogers, mais tout en précisant que ce geste ne signifiait pas pour autant le rejet de l'offre de Quebecor. Qu'est-ce que cela signifiait au juste? Si nous n'avions pas encore compris que les Chagnon en voulaient encore plus, cela devint évident lorsqu'un porte-parole de Vidéotron déclara, en faisant référence aux frais de rupture : « *Nous avions 241 millions de bonnes raisons de satisfaire leur demande* »[2]. Le 13 septembre, le Groupe Vidéotron Ltée acceptait finalement l'offre de 5,4 milliards de dollars de Quebecor inc. et déboursait les 241 millions de dollars en frais de rupture à Rogers Communications Inc.

Une rude bataille corporative qui a duré 8 mois et qui a permis à la famille Chagnon d'augmenter les enchères d'un milliard de dollars, puisqu'on est parti d'une offre de Rogers à 4,4 milliards de dollars payables en actions, à un prix comptant de 5,4 milliards de dollars.

***

Qui sont les véritables grands gagnants dans cette transaction?

Outre la famille Chagnon qui est devenue milliardaire, on peut se demander qui furent les véritables gagnants de cette grande aventure.

La Caisse de dépôt, c'est-à-dire l'ensemble des Québécois : perdante

La Caisse a supporté financièrement Quebecor dans l'achat de Vidéotron et pour ce faire, elle a investi initialement 2,9 milliards dans la transaction en contrepartie de 45 % des actions de Quebecor Media. En plus de cet investissement, on nous informait le 23 novembre 2002 que la Caisse devrait effectuer un déboursé additionnel de 200 millions de dollars pour Quebecor Media afin d'honorer une garantie qu'elle avait donnée sur un emprunt. Le drame, c'est que la valeur des placements de la Caisse dans Quebecor a été ramenée depuis à seulement 435 millions en décembre 2002. Toutefois, selon les dirigeants des sociétés en cause, depuis le début de 2003, la rentabilité de Quebecor Media a progressé.

En fait, la Caisse de dépôt a perdu près de 2,5 milliards dans cette transaction! Précisons que la Caisse de dépôt est détenue par le gouvernement du Québec et qu'elle gère les fonds publics du régime de retraite et d'assurance de plus de 100 milliards de dollars des Québécois. Ayant la réputation d'utiliser son pouvoir financier afin de bloquer des transactions qui transféreraient des entreprises clés à des actionnaires hors du Québec, elle nous a montré de quoi elle était capable dans son aventure avec Vidéotron.

Plus récemment (septembre 2003), la Caisse de dépôt a déclaré son intention de réduire sa participation de 45 % dans

Quebecor Media. Manifestement, Vidéotron n'a vraiment pas été le meilleur coup de la Caisse.

Jean-Claude Scraire, ex-président de la Caisse de dépôt : perdant

L'épisode Vidéotron n'a pas été un *success story* pour Jean-Claude Scraire, ex-président de la Caisse de dépôt, qui a depuis démissionné de son poste. En effet, vu les pertes encourues suite au placement dans Quebecor Media, cet investissement de la Caisse fut grandement contesté et il a vraisemblablement contribué à la démission de son président le 21 mai 2002.

Le gouvernement du Québec : perdant

Pour sa part, le gouvernement du Québec se retrouve dans de beaux draps parce qu'on le soupçonne de s'être immiscé dans cette transaction. Ainsi, le 1er septembre 2000, Rogers Communications demandait le dépôt de tous les documents ayant circulé entre la Caisse et le gouvernement du Québec concernant l'offre de Quebecor et de la Caisse pour acquérir Vidéotron. Rogers prétendait ainsi que des motifs politiques auraient poussé la Caisse à bloquer l'entente entre Rogers et la famille Chagnon.

Quebecor : perdant

Vidéotron est maintenant une filiale à part entière de Quebecor Media qui en détient 55 % des actions. Quebecor a formé Quebecor Media peu après la prise de contrôle hostile de Vidéotron. Quebecor Media est composée de Vidéotron, Sun Media (deuxième groupe de presse au pays), et le Groupe TVA (premier réseau de télévision francophone au Canada). Par contre, peu de temps après cette transaction, on a assisté partout en Occident, à une intense baisse de la valeur du secteur des télécommunications et des médias, ce qui a provoqué des pertes importantes pour Quebecor, qui est passée aussi dans le tordeur. Le 8 septembre 2003, le président et chef de la direction, Pierre-Karl Péladeau déclarait même que, compte tenu de la nécessité de regarnir les coffres de la société, Quebecor se préparait à inscrire à la Bourse sa filiale Quebecor Media.

Notons en passant que la Caisse n'en était pas à ses débuts avec Quebecor. Elle a en effet joué un rôle crucial dans la croissance de Quebecor lorsqu'elle a supporté cet autre empire québécois dans l'acquisition de l'imprimeur britannique Maxwell.

Quebecor et la Caisse semblaient aussi avoir des méthodes de travail peu orthodoxes et je me réfère ainsi à une lettre datée du 9 juin 2000, adressée à la Commission des Valeurs mobilières du Québec par Me Patrick Boucher, avocat de Vidéotron, relatant une entente de principe en vertu de laquelle Quebecor accorderait à la Caisse des bénéfices que n'auraient pas les autres actionnaires de Vidéotron. Il faisait ainsi référence à l'encaissement par la Caisse d'une somme de 15 millions de dollars en « prime de succès » et en frais de montage advenant l'acquisition de Vidéotron par Quebecor...

Les investisseurs québécois dans Vidéotron : gagnants

Durant tout ce temps, devinez comment s'est comporté le titre de Vidéotron? Ça montait et ça montait toujours. Au début du mois de février 2000, avant les rumeurs d'achat par Rogers, le titre était coté à 33,35 $ à la bourse, il montait à 43,95 $ à la fin du mois de septembre 2000, au moment où Vidéotron acceptait finalement l'offre de Quebecor. Cette augmentation de plus de 30 % de la valeur du titre en 8 mois a certainement fait plusieurs heureux chez les détenteurs d'actions qui ont su profiter de la situation.

Rogers Communications : gagnant

241 millions de dollars (les frais de rupture).

Et les grands gagnants sont… les Chagnon

Vidéotron a été le « Klondike » pour les Chagnon. Ils ont fait une fortune avec notre argent. Tout comme les 35 années précédentes, les mois de février à septembre 2000 leur ont été chanceux alors qu'ils réussissaient à augmenter leur fortune de plusieurs centaines de millions de dollars. De plus, ils ont réussi à « casher », ce qui était nettement plus avantageux que de miser sur le rendement potentiel des actions de Rogers Communications, surtout lorsque l'on constate, *à posteriori*, la baisse ultérieure des cours boursiers dans ce secteur d'activités. Une rude bataille qui leur a rapporté une *modique* somme équivalant à 80 000 $/l'heure pendant cette période de 8 mois.

***

Claude Chagnon : 200 000 $ de l'heure!

Le 18 janvier 2000, on apprenait que le fondateur de Vidéotron, André Chagnon, cédait ses fonctions de président et chef de la direction à son fils Claude. Monsieur Chagnon père demeura toutefois président du conseil d'administration.

À ce moment-là, les Chagnon ont expliqué que Vidéotron poursuivrait les projets déjà en cours dont ils firent l'énumération. On nous parla donc de téléphonie, sans jamais révéler au public la possibilité de vendre la société à Rogers Communications Inc. On apprendra plus tard que la famille Chagnon en discutait déjà au mois de décembre 1999 avec Rogers et qu'un courtier avait indiqué à monsieur Claude Chagnon, le 10 janvier 2000, que *« Rogers pourrait être prêt à considérer une offre pouvant aller jusqu'à 50 % »* de prime par action de Vidéotron[3]. Or, les Chagnon ont toujours laissé entendre que le Torontois Ted Rogers ne les avait contactés que le 24 janvier[4]...

Histoire d'encourager Claude Chagnon dans ses nouvelles tâches, Vidéotron lui a accordé une enveloppe d'options d'achat d'actions. Moins de 6 jours plus tard, Claude Chagnon recevait l'offre de Rogers, ce qui lui permettait de faire un gain de 23 millions sur ses options. Sur cette base, il était donc payé 200 000 $/l'heure pour son nouveau poste de président. Alors que les gens travaillent en moyenne entre 5 et 6 ans, c'est à dire, entre 8400 et 10 000 heures pour faire 200 000 $, il existe des règles pour empêcher de tels abus. Néanmoins, le doute demeure : Claude Chagnon a-t-il fait preuve de naïveté en raison de son inexpérience? À vous de juger et aux tribunaux de trancher.

Accorder des options d'achat d'actions à un dirigeant d'une société est pourtant une forme de rémunération courante et légitime. Ainsi dans sa forme la plus populaire, il s'agit d'un employé qui reçoit par exemple 100 options d'achat d'actions pour un prix de 15 $ l'action en 2000, et qui les revendra plus tard, alors que le prix de l'action aura augmenté à 25 $, lui permettant donc de réaliser un gain de 1000 $. On comprend que l'option d'achat incite ainsi l'employé d'une société à travailler fort pour que sa valeur augmente. Il existe cependant des règles de base pour que ce mécanisme fonctionne, à savoir qu'au moment où l'employé reçoit les options, elles lui sont offertes au prix du marché et qu'il ne connaisse pas, par des sources privilégiées, des informations lui indiquant que prochainement l'action augmentera de valeur.

Quebecor Media et Vidéotron ont réagi le 18 septembre 2002 en déposant une poursuite de 23,2 millions de dollars contre Claude Chagnon. Le motif de cette poursuite? Claude Chagnon aurait commis un délit d'initié en s'octroyant des options d'achat d'actions à un prix d'exercice avantageux, sous la foi d'informations privilégiées. Quebecor expliqua que Claude Chagnon savait que la transaction se réaliserait avec Rogers, qu'il connaissait même le prix conclu et qu'il a donc agi dans l'illégalité en exerçant ses options.

Chapitre 2

LA FONDATION DES CHAGNON : COMMENT FAIRE LA CHARITÉ AVEC L'ARGENT DU FISC

– Un don de 1,4 milliard... – ... pour obtenir des avantages fiscaux de plus d'un milliard de dollars – Une fondation financée aux trois quarts par les contribuables – On modifie les lois fiscales en faveur des Chagnon – Le « petit » mensonge du ministère des Finances du Canada – Comment faire la charité avec l'argent du fisc – Les restaurants Le Commensal – De président de Vidéotron à ministre « non élu » de la Solidarité sociale – Charité, quand tu nous tiens!

Il existe manifestement un système fiscal privilégié pour certains contribuables et, pour y accéder, il faut être riche, très riche.

Un don de 1,4 milliard...

Le 19 octobre 2000, les Chagnon ont cédé la totalité des actions qu'ils détenaient dans Vidéotron en contrepartie de 1,84 milliard de dollars. Du coup, monsieur André Chagnon et sa conjointe se sont subitement transformés en grands bienfaiteurs du Québec. En effet, ils ont planifié les transactions pour que la majorité du produit de la vente de Vidéotron aboutisse dans une fondation de charité faisant d'elle la fondation la plus riche au Québec avec un actif de près de 1,4 milliard de dollars. Serait-ce la générosité qui a motivé ce geste? Aux dires de monsieur Chagnon lui-même, son but était de remettre à la société québécoise la richesse qu'elle lui avait permis d'acquérir[5].

... pour obtenir des avantages fiscaux de plus d'un milliard de dollars

J'ai une tout autre idée de la situation. Si la famille Chagnon avait tout simplement vendu ses actions de Vidéotron sans l'intervention d'une fondation, elle aurait eu à payer un impôt de 460 millions de dollars ce qui lui aurait tout de même permis d'encaisser un montant net de 1,38 milliard. En faisant intervenir une fondation et en lui donnant 1,4 milliard de dollars, les Chagnon se sont retrouvés avec un montant net **après** impôts estimé à 1,03 milliard!

En fait, grâce au don de 1,4 milliard de dollars à une fondation mise sur pied par la famille Chagnon et leurs sociétés de portefeuille, Sojecci et Sojecci (1995), les Chagnon souhaitaient profiter des avantages fiscaux particuliers suivants :

- Une déduction fiscale et/ou un crédit d'impôts pour don ayant une valeur fiscale estimée à 700 millions de dollars;

- Une imposition réduite du gain en capital réalisée au moment de la disposition des actions représentant une économie d'impôts de 175 millions. Dans le cas précis des Chagnon, on cherchait à ce que seulement le quart du gain en capital soit imposable, plutôt que 50 %, comme c'est le cas habituellement.

***

Il existe un autre avantage important qui, à ma connaissance, n'a jamais été commenté publiquement et qui représentait une économie d'impôts pouvant atteindre 175 millions de dollars. Un petit « tour de passe-passe » dont l'application a dû m'être corroborée par le département des décisions anticipées du ministère du Revenu à Ottawa tellement elle paraissait incroyable.

Si moi, assise seule à mon bureau à rédiger ces lignes, y ai pensé, je présume que l'équipe de fiscalistes de l'un des hommes les plus riches du Québec y a aussi sûrement pensé.

Donc, je prendrai pour hypothèse dans les lignes qui suivent que les Chagnon ont considéré cet avantage. Cet avantage était possible lorsqu'il s'agissait des sociétés de portefeuille faisant le don d'actions contrairement à une action personnelle de monsieur Chagnon.

Dans un tel cas, le don des actions permettait aux actionnaires des sociétés de Sojecci et Sojecci (1995) de recevoir, libres d'impôts, des sommes totalisant 75 % de la valeur de leurs actions[6]. Une telle façon de procéder est très alléchante en terme d'impôts, parce qu'elle évite ainsi le pallier d'imposition personnel applicable au moment où un actionnaire souhaite exclure des sommes de ses sociétés.[7]

En termes plus techniques, on profite ainsi des sommes accumulées dans le compte de dividende en capital, un compte ultra avantageux en impôt parce que l'actionnaire peut y retirer le montant accumulé, libre d'impôts.

Lorsque l'on veut vraiment évaluer l'âme charitable des Chagnon en regard de leur fameux don de 1,4 milliard de dollars, on doit donc considérer l'avantage fiscal qui a accompagné leur décision. Si vous calculez comme moi, leur fameux don de 1,4 milliard de dollars aura permis aux Chagnon de soutirer du fisc des avantages fiscaux totalisant plus d'un milliard de dollars. Le tableau présenté à la page suivante résume la situation .

Tableau comparatif du montant net après impôt découlant de la disposition des actions sans/avec le don de 1,4 milliard à la Fondation Chagnon[8]

	Millions $	Millions $
Sans le don de 1,4 milliard à la Fondation		
Produit net d'impôts de la vente d'actions :		1380
Montant net après impôts :		<u>1380</u>
Avec le don de 1,4 milliard à la Fondation		
Économies d'impôts découlant du don :		
Crédit et/ou déduction pour don :	700	
Sommes versées aux actionnaires libres d'impôts (CDC) :	<u>175</u>	
	875	
Produit net d'impôts de la vente d'actions :		875
		330
Impôt découlant de la disposition présumée des actions au moment du don :		<u>(175)</u>[9]
Montant net après impôts :		<u>1030</u>

Une fondation financée aux trois quarts par les contribuables

Pour que toute cette planification se réalise, on créa la « Fondation Lucie et André Chagnon ». Cette fondation, financée à toutes fins utiles aux trois quarts par les contribuables, s'est donnée comme objectifs : la lutte contre la pauvreté chronique, la promotion de la santé et la prévention de la maladie. Plus particulièrement, *«La Fondation veut ramener à 10 % en 20 ans le pourcentage exorbitant actuel de 25 % d'enfants vivant ici en dessous du seuil de pauvreté, et réduire de 40 à 20 % la proportion des gens qui risquent de souffrir un jour du cancer. Enfin, elle veut réduire de moitié le nombre de gens souffrant d'obésité».*[10]

On modifie les lois fiscales en faveur des Chagnon

Cependant, les Chagnon devaient réussir à faire changer les lois fiscales parce qu'elles ne permettaient pas ce traitement fiscal avantageux à l'égard d'un don en faveur de la fondation Lucie et André Chagnon. Les Chagnon demandaient non seulement au législateur de modifier les lois fiscales à leur satisfaction, ils exigeaient que le changement soit rétroactif à la date où ils ont fait leur don. Cela leur permettrait d'économiser une somme d'impôts pouvant atteindre 350 millions de dollars, contrairement à la croyance populaire faisant état de 175 millions de dollars.

Le « petit » mensonge du ministère des Finances du Canada

Au mois de février 2002, le porte-parole du ministère des Finances du Canada, Jean-Michel Catta, indiquait que Paul Martin, alors ministre des Finances, n'avait pas encore pris de décision sur cette question. Pourtant, les Chagnon avaient déjà reçu le 16 juillet 2001 une lettre d'intention confirmant que l'amendement demandé à la loi serait adopté. On y indiquait aussi que cet amendement serait sanctionné à la fin mars ou au début d'avril 2002, et qu'il serait rétroactif au 1er janvier 2000[11]. La modification fiscale demandée par les Chagnon s'est finalement glissée en douce dans le projet de loi technique du ministère des Finances du Canada du 20 décembre 2002.

Comment faire la charité avec l'argent du fisc

Ce même amendement à la loi permettra à la Fondation Chagnon d'exploiter une entreprise commerciale, ce que ne pouvait pas faire une fondation privée. On permettait donc à la Fondation Chagnon d'avoir des activités commerciales, à condition qu'elles soient liées à la mission qu'elle s'était donnée; ce qui m'amène à commenter l'achat par la Fondation Chagnon des restaurants Le Commensal, à l'automne 2001.

Les restaurants Le Commensal

Dans un premier temps, les diverses déclarations d'un peu tout le monde et les faits mis ensemble nous permettent de constater qu'on nous a encore menti. En effet, alors que les autorités fiscales prétendaient, en février 2002, que le ministre des Finances n'avait pas encore pris de décision en rapport avec les amendements demandés par les Chagnon, la Fondation faisait effectivement l'acquisition du Commensal en 2001. Monsieur André Chagnon allait même jusqu'à dire que *« nous avons présenté notre projet d'acheter le Commensal* (au ministère du Revenu), *et ils l'ont approuvé »*.

L'achat du Commensal, ces restaurants du genre « soupe/salade/15 $ », pourra-t-il permettre à la Fondation de réaliser sa mission charitable? Cette question a été posée à monsieur

34

Jean-François Lamarche, porte-parole de la Fondation, qui a souligné qu'un des objets de la fondation étant le soulagement de la pauvreté, la fondation voulait alors « *permettre à des enfants pauvres de se tirer d'affaire dans la vie et un bon moyen d'y arriver est de donner du travail à leurs parents* ». Il fallait y penser, en se fixant comme objectif de soulager la pauvreté, la fondation s'assure de toujours y parvenir en faisant à peu près n'importe quoi, en autant qu'on fait travailler quelqu'un, quelque part.

Au mois de mai 2002, monsieur Chagnon a révisé son tir en précisant, que « *la fondation n'achètera plus jamais d'entreprise et ne créera pas une division industrielle, comme elle y avait songé* ».[12] Ce changement de cap n'a jamais vraiment été expliqué par les Chagnon.

De président de Vidéotron à ministre « non élu » de la Solidarité sociale

Finalement, cessons de discuter des arbres et parlons un peu de la forêt. Qu'est-ce qu'on y voit? On voit un pays qui a permis des économies d'impôts de l'ordre de 1,05 milliard de dollars à la famille Chagnon pour l'inciter à mettre une somme de 1,4 milliard de dollars dans une fondation de charité. Il y a lieu de critiquer très sévèrement cette décision parce que nous vivons dans un pays régi par des lois fiscales et que nous sommes en droit d'exiger que ce pays récupère les impôts que les milliardaires lui doivent afin que l'État puisse lui-même intervenir pour contrer la pauvreté. C'est une mission nationale et il est invraisemblable que nos milliards passent sous le contrôle d'une fondation afin qu'elle joue au ministre de la Solidarité sociale : s'agit-il ici d'un exercice de privatisation d'un secteur étatique? D'ailleurs, serez-vous surpris d'apprendre qu'à l'heure actuelle, le portefeuille de la Fondation Chagnon est 5 fois plus élevé que celui du Fonds de lutte contre la pauvreté du gouvernement québécois, faisant d'elle un entité plus importante que l'État sur des questions d'État.

Par ailleurs, on a cru rêver lorsque le « vrai » ministre de la Solidarité sociale du Québec, monsieur Claude Béchard, annonçait officiellement, le 16 juin 2003, qu'il partagera ses responsabilités avec la fondation de la famille Chagnon. Par un communiqué, on nous annonçait ainsi que :

- *« Le ministère de l'Emploi, de la Solidarité sociale et de la Famille entend aussi contribuer à la mise en œuvre d'un nouveau fonds de 5 M$ conjointement avec la Fondation Lucie et André Chagnon, qui injectera un montant équivalent. Il s'agit de la première contribution faisant partie d'une entente d'une durée de trois ans. Ces investissements serviront à réaliser des interventions en matière de prévention de la pauvreté auprès des jeunes enfants et de leur famille. »[13]*

Charité, quand tu nous tiens!

Arrêtons de donner de l'argent aux Chagnon pour qu'ils nous sortent de la pauvreté, c'est complètement ridicule. Le fisc leur a déjà donné 1,05 milliard et il y a toujours des enfants pauvres au Québec. Selon Statistiques Canada, il y avait en 1999 plus de 390 000 enfants pauvres au Québec. En divisant l'économie d'impôts qu'a reçue la famille Chagnon à parts égales entre ces enfants, chacun aurait reçu un chèque de 2500 $.

Chapitre 3

LA FIDUCIE DES BRONFMAN : COMMENT RÉUSSIR UN COUP DE 750 MILLIONS DE DOLLARS

– Les Bronfman, détenteurs d'une fortune colossale – Le transfert de la fiducie des Bronfman – Ce qui ressemble à une conspiration du silence – Les fiducies familiales : les règles du jeu (pour tous) – Qu'est-ce qu'une fiducie familiale – Principe d'imposition du gain en capital – Comment la famille Bronfman a monté son coup – Quand l'Agence des douanes et du revenu se contredit elle-même – Que s'est-il réellement passé entre les Bronfman et le fisc canadien? – On crie au scandale – Manipulations et traitement de faveur.

Comment peut-on accepter qu'une famille milliardaire puisse se soustraire du fardeau fiscal qu'elle devrait assumer au même titre que tous les autres citoyens?

Les Bronfman, détenteurs d'une fortune colossale

Lorsque l'on pense aux Bronfman, on voit apparaître des images des Expo et de Seagram. Mais avant d'en arriver là, le premier des Bronfman, Samuel, avait fait fortune dans le domaine du commerce de l'alcool à l'époque de la prohibition américaine. En prenant le contrôle de la distillerie Seagram, les Bronfman en ont fait l'un des plus importants groupes mondiaux de spiritueux.

En plus de l'alcool, les Bronfman ont été présents dans plusieurs secteurs d'activités tels, à titre d'exemples, le jus d'orange Orangina, le pétrole albertain, les compagnies pétrolières texanes et l'industrie chimique. Au cours des dix dernières années, la nouvelle génération des Bronfman a favorisé l'industrie du divertissement et a réalisé des transactions importantes telle que l'acquisition d'une participation de 80 % de MCA inc., propriétaire d'Universal Pictures en 1995, pour 5,7 milliards de dollars. En 1998, Seagram s'est intéressée au domaine de la musique en achetant Polygram, le chef de file dans l'édition musicale, pour 10,6 milliards de dollars.

En 2000, coup de théâtre, la famille Bronfman autorisait la vente[14] de Seagram à Vivendi Canal Plus. Pour les fins de cette transaction, on estimait la valeur de Seagram à près de 35 milliards d'euros. Une nouvelle société naissait de cette transaction, Vivendi Universal, dont la famille Bronfman détient présentement environ 5,5 % des actions. Lors de cette transaction, Vivendi Universal était devenu le géant mondial de la communication et du cinéma. La lune de miel avec Vivendi n'a pas duré très longtemps. Les affaires sont moins roses qu'auparavant et on estimait, en juillet 2002, que les Bronfman avaient perdu 2 milliards de dollars américains dans cette transaction.[15]

Il va sans dire que les Bronfman ne sont pas à plaindre et que lorsque l'on parle de familles riches, on ne se trompe pas en citant l'exemple des Bronfman.

Le transfert de la fiducie des Bronfman

Les Bronfman semblent maîtriser l'art de tirer le maximum du fisc et ils ont à leur actif plusieurs histoires le démontrant. La plus corsée est sans doute celle impliquant le transfert de leur fiducie familiale du Canada vers les États-Unis, ce qui leur a permis d'éviter le paiement de 750 millions de dollars. Rien de moins!

Comment ont-ils réussi un coup pareil? En se payant de bons fiscalistes et en utilisant, comme outil de travail, la fiducie familiale tout en s'assurant du caractère confidentiel des transactions.

Ce qui ressemble à une conspiration du silence

Un plan de match parfait, inconnu du public pendant 5 ans, jusqu'en mai 1996, alors que le vérificateur général du Canada rendit publique cette affaire et critiqua sévèrement la position et l'attitude de l'Agence des douanes et du revenu du Canada dans ce dossier. La situation est devenue encore plus critique pour le gouvernement fédéral et la famille Bronfman lorsque Georges Harris, un contribuable qui prône la justice et l'équité fiscale, a intenté, au nom de tous les contribuables, une poursuite en vue de forcer le ministre du Revenu national à annuler le traitement préférentiel accordé aux Bronfman, et par le fait même, à exiger des Bronfman le paiement de leurs impôts. Cette cause qui paraissait frivole au départ a néanmoins provoqué beaucoup d'inquiétude chez certains fiscalistes, entre autres.

Le rapport du vérificateur général sera un outil précieux qui permettra de connaître la vérité dans ce scandale constitué d'une série de mensonges et de dissimulations.

Les fiducies familiales : les règles du jeu (pour tous)

Afin d'être en mesure de saisir la gymnastique fiscale entourant le scandale des Bronfman, il est d'abord important de s'attarder à certains concepts fondamentaux tels que la définition d'une fiducie familiale ou encore l'imposition du gain en capital au Canada.

Qu'est-ce qu'une fiducie familiale?

L'entité au centre du scandale des Bronfman était une fiducie familiale, la fiducie Bronfman qui détenait, entre autres, des actions de sociétés publiques. Il faut savoir que la fiducie familiale est un concept qui est fréquemment utilisé en planification fiscale. Mais en quoi consiste-t-elle au juste?

Habituellement, lorsque l'on parle de fiducie familiale, on fait référence à un mécanisme en vertu duquel les parents donnent des biens à leurs enfants mais d'une façon particulière. En fait, les biens visés sont détenus par une tierce personne pour le profit des enfants et ils sont administrés par cette personne conformément aux dispositions prévues par les parents dans l'acte fiduciaire. Les fiducies familiales sont populaires, notamment dans la planification successorale et lorsque l'on souhaite subvenir aux besoins des enfants alors qu'ils n'ont pas encore atteint un certain âge.

Évidemment, on ne connaît pas toutes les fiducies familiales du Canada. On notait cependant au Comité permanent des Finances en 1996 qu'on en dénombrait à cette époque 140 000 au pays.[16] Le ministre des Finances de l'époque, Paul Martin, a lui-même admis avoir une fiducie familiale!

Principe d'imposition du gain en capital

Pour être en mesure de mieux saisir l'ampleur du scandale Bronfman, il est d'abord important de comprendre le principe de base de l'imposition du gain en capital dans le système fiscal canadien et particulièrement lorsqu'un contribuable quitte le Canada. Le Canada n'a pas toujours eu comme principe l'imposition du gain en capital. En effet, en 1962, le gouvernement a entrepris un examen approfondi de son régime fiscal en mettant sur pied la Commission royale d'enquête sur la fiscalité. C'est pour donner suite à ses recommandations que le gouvernement fédéral a instauré, en 1972, un impôt sur les gains en capital. C'est ainsi que le régime fiscal actuel au Canada repose sur l'imposition du gain en capital accumulé après 1971.

Voici sommairement les règles :

De son vivant :	Un résident du Canada est imposé sur le gain accumulé qu'il réalise lors de la disposition d'un bien.
Au décès :	Lorsqu'un résident du Canada décède, les gains accumulés qu'il détient au moment de son décès sont généralement réputés avoir été réalisés et ils sont imposés en conséquence.
Départ du pays :	Il y a aussi une imposition sur le gain canadien accumulé sur certains biens lorsqu'une personne quitte le Canada.

Ainsi, on constate qu'on ne peut pas l'éviter et qu'à un moment donné, tous les contribuables canadiens sont assujettis à l'imposition de leurs gains en capital. Dans le cas particulier des Bronfman où on faisait affaire avec une fiducie familiale qui voulait cesser de résider au Canada pour établir sa résidence aux États-Unis, le principe était le même et la fiducie devait payer de l'impôt sur le gain en capital accumulé sur les biens qu'elle détenait au moment où elle a cessé de résider au Canada.

Les « biens canadiens imposables » font toutefois exception à cette règle pour la simple raison que le Canada conserve son droit d'imposer le gain en capital réalisé sur ces biens même s'ils sont alors détenus par un non-résident. Quant à la fiducie Bronfman, la question était donc de déterminer si les biens qu'elle détenait, en l'occurrence des actions de sociétés publiques, pouvaient être considérés comme des biens canadiens imposables. À cet effet, les règles fiscales sont claires, les actions de sociétés publiques sont effectivement exclues de la définition de biens canadiens imposables. En conséquence, la fiducie Bronfman aurait dû être imposée sur le gain en capital accumulé sur ses actions qu'elle détenait dans des sociétés publiques.

La fiducie Bronfman échappait à l'impôt canadien si elle réussissait à démontrer que ses actions publiques étaient des « biens canadiens imposables ». Un peu paradoxal, mais c'est l'impôt.

Comment la famille Bronfman a monté son coup

La fiducie Bronfman est sans doute la mieux connue au Canada. Si on se reporte au début des années 1990, un gain en capital important d'environ 2,2 milliards de dollars s'était accumulé sur les actions d'une société publique du groupe Bronfman. On peut donc aisément imaginer qu'une planification fiscale visant à sortir ce gain en capital du fardeau fiscal canadien était grandement attendue.

On a donc mis en place une structure de transactions complexes impliquant la fiducie Bronfman qui détenait alors ces actions de la société publique. Une série de transactions étaient alors suggérée permettant ainsi que les actions de la société publique se retrouvent entre les mains d'une entité non résidante du Canada et ce, sans conséquence fiscale canadienne. Compte tenu du caractère incertain des transactions et des résultats escomptés, on demanda aux autorités fiscales canadiennes de se prononcer d'avance sur le traitement fiscal qu'elles favoriseraient dans cette situation.

Cette démarche que l'on nomme « une demande de décision anticipée » est effectivement permise et tout à fait légale.

La question soumise à l'attention des autorités fiscales en 1991, dont l'enjeu était de 750 millions de dollars pour les Bronfman, visait donc l'imposition du gain en capital accumulé sur les actions de la société publique au moment où le détenteur devenait une entité non résidente du Canada. Pour répondre à cette question, il s'agissait de déterminer si les actions étaient des « biens canadiens imposables ».

Bien que les règles fiscales excluent les actions publiques comme « biens canadiens imposables », Revenu Canada a décidé que les actions de sociétés publiques détenues par la fiducie devaient être considérées comme des « biens canadiens imposables » pour la simple raison qu'elles avaient été obtenues dans le cadre d'un échange dont la contrepartie était des « biens canadiens imposables », soit des actions de corporations privées résidant au Canada. Se faisant, les actions publiques échappaient au champ d'imposition canadien, les Bronfman ont *scoré* et le Canada a perdu des recettes fiscales de 750 millions de dollars. Les Bronfman ont donc réussi à échapper au principe fondamental en impôts canadiens à l'effet qu'un impôt est perçu sur tout gain en capital.

Sans aller dans le détail de l'analyse fiscale sous-jacente à la question, notons que plusieurs, dont le vérificateur général du Canada, sont d'opinion que la présomption légale utilisée par les Bronfman et acceptée par l'Agence dans les circonstances ne peut s'appliquer qu'à des biens appartenant à des non-résidents alors qu'au moment même du roulement des actions, les entités impliquées résidaient au Canada.

Quand l'Agence des douanes et du revenu se contredit elle-même

Pourtant, les autorités fiscales n'en étaient pas à leurs débuts dans l'analyse de ce genre de questions parce qu'elles avaient effectivement eu à se prononcer dans le passé sur des cas similaires. L'analyse sommaire de décisions antérieures démontre, c'est le moins qu'on puisse le dire, quelques variations, voire contradictions. On peut aussi en déduire que le gouvernement semble avoir toujours eu un faible pour cette famille.

*Décision de janvier 1985 **non publiée**, rendue à l'intention d'une fiducie reliée aux Bronfman :*

Dans cette décision, l'Agence avait déclaré que le gain accumulé sur les actions de sociétés publiques détenues par la fiducie ne serait assujetti à l'impôt canadien lorsque la fiducie cesserait de résider au Canada. Une décision très semblable à celle qu'on a connue dans le cas de la fiducie Bronfman. Pas surprenant, il s'agissait d'une autre fiducie reliée aux Bronfman!

*Opinion **rendue publique** au mois de mai 1985 et portant sur une autre fiducie non reliée aux Bronfman :*

On peut constater que cette décision a été rendue seulement quelques mois après la première, par le même groupe de travail, la « Division des décisions ne visant pas des corporations ». Dans cette situation dont les faits étaient très similaires à la première, l'opinion de l'Agence était étrangement différente. L'Agence concluait donc que les actions de sociétés publiques devaient effectivement faire l'objet d'une imposition au moment où la fiducie cessait de résider au Canada.

Suite aux questions du vérificateur général dans le dossier, l'Agence l'a informé qu'elle considérait maintenant cette opinion comme « inexacte » sur le plan technique. Il va sans dire que le contribuable ayant demandé cette opinion serait en droit de se sentir lésé, puisque 11 ans plus tard, soit au moment du dépôt du rapport du vérificateur général en 1996, il n'en avait toujours pas été informé.

Que s'est-il réellement passé entre les Bronfman et le fisc canadien?

C'est au moment du dépôt du rapport du vérificateur général du Canada, en mai 1996, que ce scandale a été dévoilé. Ce rapport critiquait sévèrement le bien-fondé de la décision rendue par l'Agence en 1991 et le caractère secret dont le processus décisionnel a été entouré.

Bien que l'exposé du vérificateur général sur la situation comporte plusieurs pages, voici les principales critiques formulées révélant le caractère douteux de l'attitude de l'Agence dans le dossier :

- La fiducie Bronfman était au courant d'une décision anticipée analogue, rendue en 1985, mais qui n'avait pas été publiée laissant entendre qu'elle avait bénéficié d'avantages dont les autres contribuables n'avaient pu se prévaloir;

- Quelques mois plus tard, l'Agence émettait une opinion qui contredisait la décision anticipée de 1985 et rendait cette opinion publique;

- La décision de 1991 semblait entourée de secret et, surtout, il n'existait aucun procès-verbal ou détail de rencontres entre les cadres de l'Agence et les fonctionnaires de Finances Canada;

- La décision donnée, rendue par l'Agence en 1991, n'a été rendue publique qu'en mars 1996, alors que l'opinion contraire émise en 1985 avait, elle, été rendue publique dans la même année;

- Finalement, si on suit le processus de l'étude faite par l'Agence de la demande de 1991, on constate qu'initialement, l'Agence avait fait savoir qu'elle refusait totalement l'interprétation des Bronfman. Pourtant, en un seul jour, suite à quatre réunions, toutes tenues le 23 décembre 1991, les hauts fonctionnaires des Finances et de l'Agence se sont rangés en faveur de l'opinion des Bronfman.

Quant au bien-fondé de la décision, le vérificateur le met sérieusement en doute. Il précise que la décision de 1991 de traiter les actions de sociétés publiques comme des « biens canadiens imposables », peut avoir même frustré l'intention du législateur en considérant la loi lue dans son ensemble. Il va même jusqu'à dire qu'en acceptant cette position des Bronfman, l'Agence a porté atteinte à l'assiette fiscale en renonçant à un droit de recouvrir à l'avenir des centaines de millions de dollars en impôts.

On crie au scandale

Suite au dépôt du rapport du vérificateur général, il va sans dire que la population a crié « au scandale ». Le Parlement a alors rapidement chargé le Comité des finances de la Chambre des communes d'enquêter sur la décision accordée aux Bronfman. Suite à son enquête que plusieurs ont qualifiée d'incomplète et manifestant un manque d'intégrité[17], le comité a déposé un rapport en septembre 1996 dans lequel il concluait que l'interprétation que l'Agence a donnée à la loi en vigueur en 1991 était exacte, mais il a aussi recommandé que la loi soit modifiée de manière à assurer que l'impôt soit acquitté au Canada en de pareilles circonstances. Ainsi, le ministre des Finances, Paul Martin, annonçait le 2 octobre 1996, le dépôt d'un « avis de motion de voies et moyens » afin de donner suite à ces recommandations.

Manipulations et traitement de faveur

Les faits ainsi présentés démontrent que les Bronfman ont largement manipulé non seulement les règles fiscales mais aussi le système fiscal dans son ensemble et la machine gouvernementale canadienne.

En effet, les Bronfman ont réussi à :

- obtenir une décision favorable du fisc canadien sur une question qui, de l'avis du vérificateur général du Canada, aurait dû leur être défavorable;

- s'assurer que l'Agence conservera le caractère secret des transactions visées.

Face à ce scandale, plusieurs ont crié et critiqué mais personne n'avait osé entreprendre les démarches nécessaires pour demander le remboursement des sommes indûment soustraites du trésor canadien. Personne sauf un certain Georges Harris qui prétendait que les Bronfman avaient été avantagés et que la justice la plus élémentaire requérait que ce privilège leur soit enlevé.

Chapitre 4

UN GOUVERNEMENT
AU BANC DES ACCUSÉS

– Le gouvernement est-il juste, honnête et loyal envers ses citoyens? – De la démocratie à la féodalité fiscale – Une minorité qui s'enrichit au détriment de l'ensemble de la population – Un gouvernement au banc des accusés – Une bataille en deux étapes – De la victoire du citoyen Harris... – ...à la victoire du gouvernement (ou des Bronfman) – Les Bronfman n'avaient donc pas à payer et ne paieront jamais.

Le gouvernement est-il juste, honnête et loyal envers ses citoyens?

Le gouvernement fédéral est le gestionnaire de fonds le plus important au pays. En effet, saviez-vous qu'à nous tous (du moins ceux qui paient leurs impôts) nous lui avons confié pour l'année 2003, plus de 171,7 milliards de dollars[18]? Les responsabilités du gouvernement sont grandes et sa gestion doit être fondée sur des prémisses importantes telles que l'honnêteté, la justice, l'équité et l'intégrité, envers tous les citoyens.

Vous êtes-vous déjà retrouvé dans la situation suivante? Vous devez au fisc un montant de 2500 $ que vous négligez ou n'êtes pas en mesure de payer. Tôt ou tard, et plus tôt que tard, un fonctionnaire se fera un devoir de vous rappeler vos obligations. Et si vous persistez à « négliger » de payer, vous ferez obligatoirement l'objet d'une saisie de salaire et, au besoin, d'une saisie de votre compte bancaire. *Voilà comment on traite les « mauvais » contribuables,* vous dites-vous, en vous trouvant à la fois victime et embarrassé. Vous n'irez pas crier sur les toits « l'injustice » dont vous venez d'être victime : tout le monde doit payer ses impôts.

Or, en prenant connaissance du scandale du transfert de la fiducie des Bronfman, plusieurs citoyens, d'abord incrédules, se mirent à douter de l'équité de l'administration fiscale. En effet, en permettant à cette famille d'éluder une facture de 750 millions de dollars alors qu'on exige des autres citoyens d'acquitter *manu militari* leurs impôts jusqu'au dernier sou, notre gouvernement a créé une perception : celle d'être injuste, malhonnête et déloyal envers l'ensemble des citoyens. Il devrait pourtant appliquer ses lois et règlement fiscaux équitablement en tenant compte des intérêts de tous les citoyens et non pas en favorisant ceux d'une famille riche.

Pourtant, notre nouveau premier ministre fédéral, Paul Martin, alors qu'il était ministre des Finances, avait lui-même précisé à la Chambre des communes, le 2 octobre 1996, dans un discours portant sur l'affaire Bronfman que :

> « *Il faut absolument que les Canadiens aient confiance au régime fiscal. Ils ont le droit de demander que tout le monde paie sa juste part d'impôts* ».[19]

Bien que tout le monde partageait alors les intentions exprimées par le ministre des Finances, l'heure n'était plus aux beaux discours mais plutôt à la prise de décisions urgentes à l'égard des problèmes majeurs de son administration fiscale. Un gouvernement ne peut plus tergiverser lorsqu'il est aux prises avec une perte de confiance envers son régime fiscal et une population qui s'apprête à faire valoir ses droits. Monsieur Martin aurait pu agir en homme d'État et prendre des mesures en conséquence.

Constatant son apparente inertie, les contribuables n'avaient plus d'autres choix que de tenter d'amener leur gouvernement à rendre des comptes. Et ils l'ont fait. Un résident de Winnipeg, monsieur Georges Harris a pris l'initiative d'agir au nom de tous les contribuables, en poursuivant le gouvernement canadien devant les tribunaux pour l'obliger à percevoir les 750 millions de dollars qu'aurait dû payer la famille Bronfman. En fait, l'enjeu était beaucoup plus vaste que les trois quarts de milliard de dollars en cause, il s'agissait en fait d'une bataille menée en faveur de l'équité du régime fiscal canadien. La révolte des contribuables a donc amené le gouvernement fédéral au banc des accusés.

De la démocratie à la féodalité fiscale

Avons-nous vraiment réussi à mettre en place un système fiscal dont la contribution des citoyens à l'État est vraiment différente de celle exigée dans des pays totalitaires ou encore de celle imposée durant la période féodale?

Voici quelques faits qui portent à réflexion :

En versant aux gouvernements environ 60 %[20] de notre salaire en impôts et en taxes, nous travaillons pour l'État environ 3 jours sur 5. Ne serait-il pas juste de considérer qu'à partir du moment où nous travaillons plus pour l'État que pour nous-mêmes, nous sommes pris dans l'engrenage d'un système ressemblant étrangement à celui de l'ex-URSS?

En considérant qu'environ 50 000 Canadiens à revenu moyen devront travailler pendant une année complète pour renflouer le manque à gagner de 750 millions de dollars qui profiteront entièrement à la fiducie de la famille Bronfman, ne serait-il pas approprié de se croire encore au Moyen Âge?

*En réalisant qu'une fiducie familiale a réussi, à elle seule,
à se soustraire d'une facture d'impôt de trois quarts de
milliard de dollars, que faut-il penser réellement?*

Une minorité qui s'enrichit au détriment de l'ensemble de la population

Pouvons-nous franchement penser que nous avons réussi à mettre en place un régime fiscal supérieur à celui des autres pays? Plusieurs faits portent à croire que non, la différence étant que dans notre pays, la minorité qui détient le vrai contrôle du système n'est pas élue, elle règne par camouflage et dirige en secret. Elle s'enrichit au détriment de l'ensemble de la population, alors que la machine gouvernementale la protège. Fort heureusement l'Histoire démontre que tout finit toujours par se savoir, les scandales éclatent et la population se révolte. Et nous en sommes manifestement là.

En effet, et pour la première fois dans l'histoire du régime fiscal canadien, un tribunal canadien a accordé à un contribuable le droit de contester le traitement fiscal accordé à un autre contribuable. Pour ce faire, monsieur George Harris a réussi à amener le ministère du Revenu national au banc des accusés. Évidemment, le processus a été long et ardu, le ministre du Revenu national s'étant défendu avec le plus grand arsenal, celui du pouvoir de l'État contre celui d'un individu. Pour bien comprendre l'ampleur de la démarche Harris, résumons les différentes étapes de cette saga qui s'est déroulée entre 1996 et 2001.

Un gouvernement au banc des accusés

En 1996, après avoir pris connaissance du rapport du vérificateur général soulevant le scandale de la fiducie Bronfman, monsieur Georges Harris a demandé au procureur général du Canada de soumettre le dossier devant les tribunaux afin qu'ils puissent en évaluer le bien-fondé et la pertinence. Sans succès, il a alors intenté une action devant la Cour fédérale du Canada contre « Sa Majesté la Reine » et le ministre du Revenu national. Georges Harris demandait un jugement déclaratoire selon lequel le ministre était tenu de prendre toutes les mesures nécessaires pour calculer et percevoir les impôts exigibles des Bronfman.

Le procureur général du Canada a alors présenté une requête en radiation de la demande de Georges Harris soutenant qu'elle ne révélait aucune cause d'action raisonnable et que celui-ci n'avait pas la qualité voulue pour intenter un recours. Monsieur Harris a gagné sa cause en Cour fédérale le 30 décembre 1998 et en Cour fédérale d'appel, le 2 juin 2000.

Le ministre du Revenu national a alors demandé la permission de faire entendre la cause devant la Cour suprême. La permission a été rejetée confirmant donc que le ministre du Revenu national devait se justifier d'avoir permis aux Bronfman d'éviter l'imposition au Canada d'un gain en capital de 2,2 milliards de dollars.

Le 24 septembre 2001, après cinq ans de batailles, Monsieur Harris a finalement fait entendre sa cause devant la Cour fédérale qui, le 19 décembre suivant, a rendu une décision favorable au ministre du Revenu national. La Cour fédérale refusait ainsi de déclarer que le gouvernement canadien devait exiger des Bronfman le remboursement de la fameuse somme de 750 000 000 $.

Une bataille en deux étapes

La bataille de Georges Harris aura permis de mettre en lumière le processus de la prise de décision fiscale. Mais pour y arriver, cette croisade de Georges Harris s'est faite en deux étapes :

La première étape, qui s'est échelonnée devant les tribunaux sur près de quatre ans, du mois de septembre 1996 au mois de juin 2000, visait à démontrer qu'un simple citoyen était en droit de demander au gouvernement de rendre des comptes dans la décision des Bronfman. Le simple citoyen a gagné.

La deuxième étape, qui s'est conclue en Cour fédérale en 2001, plaçait le gouvernement dans l'obligation d'expliquer le bien-fondé des décisions qu'il a prises dans le dossier Bronfman et dont l'enjeu était le remboursement des 750 millions de dollars d'impôts. Le gouvernement (ou les Bronfman) a gagné.

De la victoire du citoyen Harris…

Durant la première étape de la bataille fiscale de Georges Harris, le ministre du Revenu national s'est opposé à la requête initiale de Monsieur Harris de faire examiner le dossier des Bronfman devant les tribunaux. En clair, en exigeant la radiation de la demande de Monsieur Harris, la position de la couronne (c'est à dire du gouvernement) était basée sur le principe qu'elle violait le principe de la confidentialité. Sur ce point, la Cour d'appel a conclu que l'action de Monsieur Harris avait une portée beaucoup plus vaste qu'une simple délibération portant sur l'importance d'une cotisation fiscale. Elle soulevait le traitement préférentiel qui aurait pu être accordé par le ministre à un contribuable et la crainte qu'on soit en présence d'une administration de mauvaise foi de la part de nos fonctionnaires.

En ce qui a trait au thème de la confidentialité, la couronne prétendait aussi que Monsieur Harris n'avait pas un intérêt suffisant pour demander aux tribunaux d'examiner les affaires fiscales d'un autre contribuable. Sur ce point, la Cour d'appel a déclaré qu'un tribunal peut reconnaître à quelqu'un la qualité pour agir dans l'intérêt public, lorsque l'affaire met en cause la question du respect des limites de l'autorité administrative et que l'action de Monsieur Harris soulevait exactement cette question. Donc, dans les cas où le ministre se permet des écarts de conduite et qu'il rend des décisions en se basant sur des considérations autres que celles prescrites par le texte de la loi, il est possible de reconnaître « la qualité » pour agir dans l'intérêt public à celui qui conteste les avantages fiscaux accordés.

Georges Harris a gagné son point devant la Cour fédérale et la Cour fédérale d'appel. Évidemment, les manipulateurs du fisc, le gouvernement, voire les Bronfman eux-mêmes, furent sans doute estomaqués de la tournure des événements. L'affaire Harris, qu'ils avaient d'abord dû juger frivole et excentrique, se révélait être une véritable catastrophe, un vrai cauchemar. Personne n'aurait osé imaginer que l'adversaire de l'État et des Bronfman serait un simple contribuable qui en avait tout simplement marre de l'injustice fiscale. Encore plus surprenant, malgré toute la batterie d'avocats et l'artillerie lourde déployée contre lui, Monsieur Harris a réussi à amener le ministre du Revenu national à rendre des comptes sur son administration.

Les décisions des tribunaux furent largement commentées. Certains fiscalistes ont même exprimé que l'affaire Harris est *« attristante car elle laisse planer un doute sur l'objectivité du fisc »*[21]. Comment peut-on réussir à articuler si adéquatement des textes de loi et oublier si facilement que ce n'est pas le citoyen Harris, l'instigateur de cette

55

manipulation fiscale ni celui qui s'est sauvé d'une facture d'impôts de 750 millions de dollars? D'autres fiscalistes sont même allés jusqu'à prétendre qu'il aurait été préférable que Monsieur Harris réclame, au nom des contribuables lésés, le même avantage fiscal, plutôt que d'exiger que le privilège accordé à la famille Bronfman leur soit enlevé[22].

En fait, il était primordial de faire entendre cette affaire devant les tribunaux parce que les faits, dont ceux portés à l'attention des contribuables par le vérificateur général du Canada, laissaient planer un doute quant à l'administration de bonne foi du fisc dans le dossier. Le système judiciaire a donc reconnu des droits importants à Monsieur Harris à cet égard. Georges Harris était devenu temporairement le chien de garde non élu de l'ensemble des contribuables. Une situation tout à fait inusitée mais nécessaire dans les circonstances.

Avant même de passer à la deuxième étape de sa croisade, monsieur Georges Harris avait donc réussi à marquer l'histoire en démontrant qu'à lui seul, il pouvait faire face au fisc et exiger qu'il rende des comptes devant les tribunaux de ses décisions dans des dossiers de tiers.

...à la victoire du gouvernement (ou des Bronfman)

Le 24 septembre 2001, la Cour fédérale allait enfin entendre les raisons qui ont poussé le ministre du Revenu national à laisser la fiducie Bronfman quitter le pays sans payer d'impôts. Évidemment, l'objectif de Monsieur Harris était d'exiger le remboursement des 750 millions de dollars d'impôts.

Georges Harris invoquait donc que :
« ...par suite de la décision anticipée en matière d'impôt sur le revenu rendue en 1991, la couronne a accordé un

traitement préférentiel et un avantage particulier indus » aux contribuables touchés et qu'il y a une *« crainte raisonnable de mauvaise foi dans un acte d'administration et un motif inavoué de la part de la couronne dans les circonstances de l'espèce ».* En second lieu, Monsieur Harris affirme qu'en recevant la demande visant à l'obtention d'une décision anticipée, en 1991, et en répondant à cette demande, le ministre du Revenu national *« agissait à titre de fiduciaire ou dans une qualité similaire »* envers la catégorie de *contribuables qu'il représente et que le ministre a manqué à son obligation. »[23]*

Plusieurs hauts fonctionnaires ont témoigné devant la Cour et ont alors expliqué leur rôle et leur compréhension des faits. À l'aide de ces témoignages, il a été possible de reconstituer la séquence des événements durant les deux mois précédant cette prise de décision et surtout, les irrégularités et les incohérences de la part de certains fonctionnaires du ministère fédéral du Revenu.

Ainsi, les témoins ont expliqué que, jusqu'au 23 décembre 1991 au matin, la demande de congé fiscal avait été rejetée par plusieurs fonctionnaires du ministre du Revenu incluant toute la Division des Décisions anticipées. Nous constatons que c'est seulement durant cette fameuse matinée, à la suite d'une rencontre entre certains membres de la haute direction du ministère et Monsieur Pierre Gravelle, alors sous-ministre du Revenu, que la décision fut prise en faveur de la fiducie Bronfman. Au moment de son important témoignage, Monsieur Gravelle a déclaré « je crois que c'était une décision collective » et il a aussi prétendu qu'il ignorait que son sous-ministre adjoint et le comité du ministère, chargés d'examiner la question, avaient conclu que l'Agence devait refuser la demande de congé fiscal.

Pourtant, Madame Carole Gouin, alors directrice de la Division des Décisions, qui a traité cette affaire, a littéralement contredit le témoignage de Monsieur Gravelle. Madame Gouin expliqua qu'elle a rencontré Monsieur Gravelle le 23 décembre 1991, juste avant qu'il arrête sa décision, pour l'informer de la position du ministère dans le dossier. Elle déclara donc à la cour « *Mon opinion était que nous ne devions pas rendre une décision favorable* ». Elle a même informé Monsieur Gravelle d'une note de services adressée au ministre du Revenu, monsieur Otto Jelinek, lui expliquant pourquoi il devait rejeter l'exemption fiscale…

Quant à monsieur Robin Read, alors directeur général de la Division des Décisions, il informait la Cour qu'un représentant de la famille Bronfman avait indiqué « *qu'il irait plus haut que moi* » pour obtenir une décision favorable. Ce représentant semble être un *homme de parole*…

Après une série de témoignages, le juge Dawson, dans un jugement de 44 pages, a conclu en faveur du ministre du Revenu national sur la base que la preuve ne permettait pas de démontrer que le contribuable en cause, la fiducie Bronfman, avait bénéficié d'un traitement de faveur ou qu'il y ait eu mauvaise foi.

Les Bronfman n'avaient donc pas à payer et ne paieront jamais

Les Bronfman n'ont finalement pas payé les impôts visés, ils n'ont pas été accusés ni même questionnés. Pour reprendre l'expression, tout était légal.

Quant à Georges Harris, il sort néanmoins gagnant de sa bataille en faveur de l'équité fiscale. En fait, il a ouvert le chemin.

DEUXIÈME PARTIE

FRAUDEURS ET CRIMINELS

Chapitre 5

LES SUPER FRAUDEURS D'IMPÔTS : 45 MILLIARDS DE DOLLARS

– 45 milliards de dollars par année! – Comment reconnaît-on un super fraudeur d'impôts? – La liste noire des impôts – L'affaire Cinar : un cas flagrant – Une affaire devenue un scandale – Des prête-noms – Des millions de dollars aux Bahamas – Un dossier classé « top secret » – Robert Obadia et ses avions – Nationair décolle… et s'écrase – Robert Obadia se paie une faillite… frauduleuse – Pas de prison – La vérité sur les punitions du fisc – Attaque à l'évasion fiscale – Les gouvernements : complices de l'évasion fiscale?

Il existe une catégorie de contribuables qui ont établi une relation très particulière avec le fisc canadien : ils s'en moquent totalement. Des rebelles qui procèdent par des moyens beaucoup moins subtils que les Bronfman et les Chagnon de ce monde, ils fraudent carrément. Ils font de l'évasion fiscale une technique extrême pour contourner le fisc.

45 milliards de dollars par année!

L'évasion fiscale est devenue un virus que le gouvernement n'arrive plus à éradiquer. On estime d'ailleurs qu'elle creuse un trou dans les finances publiques d'au moins 45 milliards de dollars par année[24], montant équivalent aux revenus totaux du Québec en 2002[25], rien de moins!

Certains pays, comme la Chine, utilisent des moyens de dissuasion extrêmes telle la peine capitale pour mettre un terme aux activités des super fraudeurs d'impôts. Au Canada, les criminels dits « économiques » ont, au contraire, la voie libre. S'ils se font prendre, ils écopent généralement d'une pénalité. L'emprisonnement n'est pas très populaire. En 1999, seulement 12 contribuables canadiens ont été condamnés à l'emprisonnement suite à une condamnation pour évasion fiscale.

Le fisc doit adopter une approche plus ferme face à l'évasion fiscale parce qu'elle provoque une injustice économico-sociale intolérable. En effet, en considérant un taux d'imposition de 50 %, les super fraudeurs d'impôts réussissent injustement à doubler leur pouvoir d'achat et donc, à s'enrichir sur le dos de leurs concitoyens. De plus, admettons-le, il s'agit d'une pratique beaucoup plus accessible aux mieux nantis, parce qu'on imagine difficilement qu'un simple salarié puisse s'y adonner, étant assujetti aux déductions à la source.

Dans le présent chapitre vous serez en mesure de constater que l'évasion fiscale est pratiquée par plusieurs contribuables incluant certaines personnalités bien nanties que vous reconnaîtrez sûrement en raison de la couverture médiatique dont elles ont fait l'objet. À titre d'exemple, les cas de Cinar et de Robert Obadia vous permettront de saisir l'audace de ces contribuables qui ont amplement les moyens de payer, mais qui utilisent toutes sortes de subterfuges pour littéralement voler l'État. Vous serez en mesure de découvrir que le fisc canadien, par son manque de fermeté, est un des grands responsables de cette situation où les super fraudeurs d'impôts sont devenus pour certains les « Super Héros » de notre génération.

Comment reconnaît-on un super fraudeur d'impôts?

Tel que mentionné précédemment, il s'agit d'un contribuable qui contourne le fisc d'une façon précise, il procède par le biais de l'évasion fiscale.

Le super fraudeur d'impôts commet l'acte le plus grave en cette matière. Sommairement, voici les activités qu'il pratique le plus fréquemment :

- il fait de fausses déclarations;
- il détruit, altère, mutile, cache les registres comptables;
- il fait de fausses inscriptions dans les registres comptables;
- il élude ou tente d'éluder l'observation des lois fiscales ou le paiement d'un impôt établi en vertu de ces lois.

L'évasion fiscale est un crime. Elle implique à la fois un élément physique tel que l'omission d'inclure un revenu ainsi qu'une intention criminelle de commettre l'acte en connaissance de cause.

***

La liste noire des impôts

Voici des cas bien réels d'évasion fiscale qui ont été rendus publics au cours des dernières années. Il est révélateur de voir agir ces contribuables qui prennent tous les moyens nécessaires pour frauder le fisc. Il est tout aussi révélateur de constater le manque de fermeté et l'incohérence des autorités fiscales du pays vis-à-vis ce crime. Avec tous les moyens disponibles pour contrer et lutter contre l'évasion fiscale, on se demande, à la lecture des cas qui suivent, pourquoi le fisc ne se sert que d'un ridicule pistolet à eau pour contrer ce fléau.

***

L'affaire Cinar : un cas flagrant

Cinar constitue un cas flagrant de tromperie et de falsification de documents. Un cas flagrant également d'inertie de nos gouvernements qui, face à de tels fraudeurs, n'ont pas encore réagi sur la totalité des faits et n'ont toujours pas traduit en justice les personnes impliquées.

Une affaire devenue un scandale

Cette affaire a déjà attiré l'attention de l'ensemble de la population en raison du scandale qu'elle a soulevé, de l'audace dont ont fait preuve les fondateurs et dirigeants de Cinar à différentes occasions et du manque de rigueur évident des gouvernements. À ce jour, aucune accusation criminelle n'ayant été portée à partir des lois fiscales, il nous est donc impossible d'obtenir la divulgation des faits complets et précis sur toute l'affaire. Toutefois, les propos des fondateurs eux-mêmes et les faits rapportés dans les médias furent suffisamment éloquents pour nous permettre de nous faire une opinion de la situation. La légitimité des décisions prises par les gouvernements dans ce dossier pourrait facilement être remise en question.

Cinar est une importante maison de production cinématographique spécialisée dans les dessins animés qui avait une valeur de 1,1 milliard de dollars avant que débute ce qui a été qualifié dans les médias de « l'Affaire Cinar ». Cinar occupe une place privilégiée dans les foyers québécois par ses fameux *Caillou* et *La maison de Ouimzie*. Elle fut fondée en 1976 par Ronald Weinberg et sa conjointe Micheline Charest. On aimerait croire qu'il s'agit du *success story* d'un couple respectueux, travaillant, créatif et honnête. L'affaire Cinar nous a permis de découvrir que ce *success story* est en fait le cauchemar de plusieurs investisseurs et une insulte pour les contribuables canadiens et québécois.

Des prête-noms

L'affaire Cinar a débuté à l'automne 1999 alors que les médias ont rapporté que cette entreprise canadienne, éligible à des crédits d'impôts et à des subventions destinées à favoriser la production d'œuvres cinématographiques canadiennes, avait utilisé des prête-noms. En fait, Cinar camouflait l'identité réelle d'un auteur ou d'un producteur américain sous le couvert de prête-noms canadiens, contournant ainsi les règles dans le but d'obtenir lesdits crédits d'impôts et les subventions.

Par exemple, l'auteure Erika Alexandre a reçu de Cinar la somme d'un million de dollars en droits d'auteur. Or, cette dame, qui a agi comme prête-nom, était en réalité un courtier en valeur mobilière de Québec. Elle est aussi la sœur de Micheline Charest, cofondatrice de Cinar. Le pseudonyme utilisé pour les besoins de la cause, « Erika Alexandre », provenait en fait de la combinaison des prénoms des enfants du couple Weinberg-Charest. Et il ne s'agit pas ici d'une supposition, c'est tellement vrai que Cinar l'a admis et a remboursé avec intérêts à la Société des auteurs et compositeurs dramatiques (SACD), la somme de 980 000 $, réclamée à Hélène Charest alias Erika Alexandre pour des redevances perçues illégalement.

Pour sa part, Thomas Lapierre est la source d'un autre scandale semblable à celui d'Erika Alexandre. Ancien

directeur de l'écriture chez Cinar, Thomas Lapierre a admis
à la GRC avoir servi de prête-nom pour les magouilles,
relativement aux auteurs américains.[26] Mais quoi encore?
Thomas Lapierre est aussi le fils de monsieur Laurier
Lapierre, président du conseil d'administration de Téléfilm
Canada, la pierre angulaire de l'aide financière à l'industrie
cinématographique canadienne!

Des millions de dollars aux Bahamas

Autre élément du scandale, en mars 2000, on apprenait qu'une
somme de 122 millions de dollars américains (soit environ
175 millions de dollars canadiens) avait été investie à même
les fonds de Cinar aux Bahamas en novembre 1998, sans
l'approbation du conseil d'administration. Suite à cette
révélation, les fondateurs, Micheline Charest et son mari,
Ronald Weinberg, ont alors remis leur démission à titre de
co-chefs de la direction. À ce jour, il semblerait que la
compagnie n'aurait récupéré que 82 des 122 millions qui
dormaient au soleil. Les banques des Bahamas abriteraient
toujours les 40 millions restants. Le couple Weinberg/Charest
avait-il choisi le système bancaire des Bahamas pour son
habilité à faire disparaître des sommes d'argent et sa
discrétion?

La Gendarmerie royale du Canada (GRC) a alors été
mandatée pour enquêter sur l'affaire. Le caporal Norman
Denis déclarait, en février 2001, après plusieurs mois
d'enquête, que la police pourra faire la preuve d'actes
criminels commis par 4 dirigeants ou ex-dirigeants de Cinar,
résultant de la fraude fiscale. La GRC n'y allait pas par quatre
chemins, elle recommandait donc des poursuites au criminel.

Toute cette affaire aura coûté très cher aux investisseurs. En
effet, le titre de Cinar qui se transigeait à 30 $US en août

1999, a chuté à 3 $US en août 2000, et il n'est plus transigé en bourse depuis. Suite à de tels scandales fiscaux, on s'attendrait à ce que nos gouvernements aient procédé dans ce dossier avec la plus grande célérité, qu'ils aient agi avec fermeté envers les fondateurs qui semblent s'être moqués de nous tous. Eh bien! la réalité est tout autre.

Pour l'usage frauduleux de crédits d'impôts, Cinar a négocié avec Revenu Québec et l'ADRC un règlement dont les modalités suivantes furent rendues publiques par Cinar, le 19 décembre 2000 :

	Canada	Québec
Remboursement de crédits d'impôts frauduleux	5 095 000 $	7 925 000 $
Annulation de crédits d'impôts frauduleux réclamés et non perçus	6 072 000	3 595 000
Impôts provenant de dépenses non déductibles	3 708 000	1 068 000
	14 875 000 $	**12 588 000 $**

Selon les informations divulguées par Cinar, seul le remboursement des crédits d'impôts demandés frauduleusement semble avoir fait l'objet de pénalités. Par surcroît, lors de la signature du règlement, Cinar n'a eu à payer que quatre millions de dollars sur les quelque 27 millions calculés. Semblant « oublier » que Cinar disposait de sommes importantes placées aux Bahamas, les autorités fiscales acceptaient de financer le solde sur les années subséquentes. Tel que mentionné précédemment, il est difficile de commenter cette entente de façon précise et complète puisque les montants d'impôts originalement éludés par Cinar demeurent inconnus.

Toutefois, à la lumière de ces renseignements à caractère frauduleux, les citoyens sont en droit de se demander pourquoi le fisc n'a pas imposé de pénalités sur les nombreux points relevés dans le dossier. Quel traitement a-t-on réservé aux fondateurs de Cinar qui auraient dû être lourdement punis suite aux gestes criminels qu'ils ont posés envers tous les Canadiens? Les étroites relations entretenues entre des politiciens fédéraux et Cinar seraient-elles reliées aux traitements de faveur que semble avoir obtenus le couple Weinberg-Charest?

Un dossier classé « top secret »

Ces questions pourraient demeurer sans réponse malgré le fait que nous payons tous le prix de ces fraudes. En réponse à une question des médias, Me Céline Bilodeau, responsable du dossier au fédéral, n'a d'ailleurs pas pu préciser les éléments justifiant la prise de décision de ne pas porter d'accusations criminelles dans le dossier, bien que la GRC l'ait fortement recommandé. *« Nous recevons plusieurs dossiers et dans plusieurs cas, nous refusons de porter des accusations*, a-t-elle déclaré en entrevue téléphonique. *Le dossier reste dans une boîte et demeure secret ».*

***

Robert Obadia et ses avions

Avec monsieur Robert Obadia, nous avons affaire à un fraudeur d'impôts notable, non pas par ses magouilles touchant à l'application frauduleuse des lois fiscales, mais bien parce qu'il a agi comme l'un des pires arnaqueurs, au moment où il a fait une faillite personnelle, en s'assurant qu'il n'ait pas à payer ses dettes fiscales. Voyons comment il a procédé.

Nationair décolle… et s'écrase

En 1984, une nouvelle compagnie aérienne voyait le jour : Nationair. Robert Obadia, en était le président et le fondateur. À ses débuts, elle n'avait que deux avions et se spécialisait dans les vols nolisés. Neuf ans plus tard, le 12 mai 1993, Nationair déclarait faillite. La société laissait 1350 créanciers à qui elle devait environ 65 millions de dollars. Les créances gouvernementales, dont notamment Revenu Québec et l'ADRC, représentaient une part importante des dettes.

Refusant de reconnaître la moindre faute dans la faillite de Nationair, Robert Obadia, qui tenait à se justifier, lançait en décembre 1993 un livre intitulé *Nationair : un succès assassiné, La vérité.* Monsieur Obadia y expliquait qu'en dépit de ses déboires, Nationair devait tout de même être considérée comme un succès et que sa faillite fut le résultat d'un véritable assassinat. On pouvait même y apprendre que Nationair et lui-même furent victimes d'un complot. Les comploteurs, selon Robert Obadia, étaient les autres compagnies aériennes canadiennes de l'époque, le Fonds de solidarité de la FTQ, le Syndicat canadien de la fonction publique, l'ex-ministre Jean Corbeil, le pdg de Mirabel Tours, les journalistes, ses employés déloyaux, les députés, et j'en passe… Bref, à peu près tout le monde.

Robert Obadia se paie une faillite... frauduleuse

Le 20 décembre 1994, Robert Obadia déposait un avis de cession de ses biens auprès du syndic Sam Levy & Associés, déclarant un passif de 911 689 $ et un actif de 3 002 $. Les créanciers de monsieur Obadia étaient principalement le ministère du Revenu du Québec (411 073 $) et l'ADRC (458 000 $). Notez qu'on apprendra ensuite que sa faillite dépassait les six millions de dollars. Il se présenta alors comme un consultant autonome en transport, gagnant des revenus de 3300 $ par mois et ayant des dépenses mensuelles de 3465 $. Si le coup avait réussi, il aurait été libéré de sa faillite le 20 septembre 1995, ce qui lui aurait permis de repartir à neuf. Une pratique payante qui avait d'ailleurs été utilisée par 53 801 autres Canadiens durant cette même année.

Les témoignages et les informations recueillis par le syndic Sam Levy durant les mois suivant la faillite personnelle de monsieur Obadia l'ont amené à constater qu'elle était colorée de fraude nécessitant l'intervention d'une enquête policière. Ainsi, le précieux travail de Sam Levy nous a permis de découvrir qu'entre le moment de sa faillite et celle de Nationair, 18 mois plus tôt, les transactions suivantes avaient été conclues :

– Alors que monsieur Obadia niait détenir des actions dans une société nommée Astoria, un petit transporteur qui effectuait des vols Montréal-Toronto, sa conjointe déclarait sous serment qu'il avait acheté un nombre indéterminé d'actions par le biais de Placements Keynord inc. Qui sont les propriétaires de cette société? Les trois enfants de monsieur Obadia.

– Plusieurs transactions dites suspectes avaient été conclues durant les deux années précédant sa faillite. À titre d'exemple, l'histoire de sa Jaguar est assez amusante; il l'aurait vendue à un concessionnaire de voitures usagées qui l'aurait ensuite revendue à son fils, sans doute pour faire croire qu'on ne transige pas entre personnes liées. En ce qui a trait à sa Rolls-Royce; monsieur Obadia n'a pas eu d'autre choix que de s'en défaire au prix de 16 000 $.

– Quant à la maison qui appartenait à la conjointe de Robert Obadia, évaluée à l'époque à 4 millions de dollars, Sam Levy entendait en réclamer la moitié en confirmant que le couple était marié sous le régime de la communauté de biens. Concernant cette fameuse question, monsieur Obadia a prétendu s'être marié au Maroc sous le régime de la séparation de biens, de sorte que la maison deviendrait insaisissable. Cependant, il semble que certains documents légaux contredisaient cette affirmation. Obadia pensait avoir réglé le problème le 20 avril 1993, alors que sa conjointe et lui-même remplissaient une déclaration visant à corriger toutes les déclarations erronées qu'ils avaient faites de bonne foi relativement à leur régime matrimonial pour enfin adopter le régime de séparation de biens.

En août 1995, la Gendarmerie royale du Canada recevait la demande d'enquêter dans le dossier. Robert Obadia, sa femme Liliane et son fils Yorel furent rapidement accusés en cour criminelle relativement à des transferts illégaux d'actifs réalisés avant sa faillite. Au total, ce sont 24 infractions à la Loi sur les faillites qui lui étaient reprochées. Monsieur Obadia faisait aussi l'objet de poursuites au civil par le fisc québécois et le fisc fédéral soutenant qu'il leur devait plusieurs millions de dollars, sans compter les anciens employés de Nationair qui lui réclamaient 4 millions de dollars en salaires non payés.

Pas de prison

Le 9 janvier 1998, Obadia a reconnu ses fautes en admettant sa culpabilité à huit chefs d'accusation de « faillite frauduleuse », incluant la disposition illégale de diverses sommes d'argent et de voitures de luxe. En contrepartie, la couronne fédérale accepta de retirer les accusations criminelles contre sa femme et son fils et elle lui infligea une amende de 41 000 $. Il faut comprendre qu'elle accepta cette peine clémente après une longue négociation avec les avocats d'Obadia dans laquelle il était entendu qu'il offrirait 800 000 $ à tous ses créanciers. Mais voilà que moins d'une semaine après avoir réglé au criminel, Obadia et son avocat firent volte-face et retirèrent l'offre qu'ils avaient soumise pour régler le dossier au civil.

Cela a mis le feu aux poudres et les parties au dossier ont enfin réagi. Mᵉ Patrick Jetté, avocat de la couronne fédérale, accusa Obadia d'avoir trompé la cour et demanda de faire modifier la peine clémente. Le syndic Sam Levy se retira du dossier et Obadia congédia ses avocats.

Le procureur général du Canada demanda le remboursement de 234 173 $, soit la valeur des biens fraudés durant la faillite et, plutôt qu'une amende de 41 000 $, il réclama une peine d'emprisonnement de 10 mois pour lui démontrer l'autorité des tribunaux dont il se moquait littéralement. Obadia fut rejugé, et la Cour d'appel du Québec le condamna à verser l'amende de 41 000 $ à laquelle fut ajoutée la somme de 234 000 $. Pas de prison? Non parce qu'on a considéré que le paiement de ces sommes était une sentence suffisante dans ce dossier. Pour le commun des mortel, ce serait certainement une énorme punition mais pour monsieur Obadia, qui vivait dans une maison qui coûtait 42 000 $ en taxes municipales par année, ce n'était manifestement pas grand chose.

Pour régler sa faillite personnelle, Obadia a finalement payé une somme de 850 000 $ à ses créanciers et il fut libéré en juin 1999. La faillite de Nationair, quant à elle, n'est pas encore réglée.

***

La vérité sur les « punitions » du fisc

Tel que mentionné précédemment, la perte de recettes fiscales provenant de l'économie clandestine au Canada, un dérivé de l'évasion fiscale, peut être de l'ordre de 45 milliards de dollars par année.

En plus d'engendrer un manque à gagner important en terme de recettes fiscales, l'évasion fiscale représente un coût social important. En effet, nos politiciens et le vérificateur général du Canada ont précisé, à plusieurs reprises durant les dernières années que l'évasion fiscale :
- impose un fardeau fiscal injuste aux contribuables honnêtes; et
- crée une compétition déloyale entre les entreprises qui respectent la loi et celles qui l'enfreignent[27].

En fait, il s'agit d'un fléau qui ébranle l'équilibre économique en profondeur. De plus, l'évasion fiscale engendre l'évasion fiscale et notre pays n'a plus les moyens de se fermer les yeux face à ce crime.

Nos gouvernements disposent effectivement de certains outils pour faire face à l'évasion fiscale. Le plus souvent, comme on a pu le constater précédemment, c'est l'imposition de pénalités qui prévaut. Dans certains cas plus extrêmes, le super fraudeur d'impôts peut faire face à une peine d'emprisonnement.

À titre d'exemple, au niveau fédéral, quiconque est déclaré coupable d'évasion fiscale est passible d'une amende d'au moins 50 % et d'au plus 200 % du montant de l'impôt qu'il a tenté d'éluder, ou à la fois de l'amende et d'un emprisonnement d'au plus deux ans. Dans les cas plus graves, les peines sont alors d'une amende d'au moins 100 % et d'au plus 200 % du montant de l'impôt que la personne a tenté d'éluder et un emprisonnement maximal de cinq ans.

On remarque donc que les autorités fiscales ont les outils pour livrer bataille aux fraudeurs du fisc, mais qu'en font-ils? Dans la très grande majorité des cas d'évasion fiscale, l'ADRC préfère obtenir des amendes, lesquelles varient normalement entre 50 % et 100 % de l'impôt éludé. Dans les autres cas plus extrêmes où la peine d'emprisonnement pourrait se voir imposer, on remarque qu'ils sont presque tous réglés par une certaine forme de justice négociée que l'on surnomme « *plea bargainning* ».

Ainsi, pour les années se terminant le 31 mars 1998 et 1999, le nombre de condamnations, le montant de l'impôt éludé, les amendes et les cas d'emprisonnement pour la région du Québec et le Canada sont les suivants :

1998	Québec	Canada Total
Condamnations	77	197
Impôts éludés $	3 610 174	12 511 000
Amendes $$	2 194 000	7 132 000
Cas d'emprisonnement	10	20

1999	Québec	Canada Total
Condamnations	58	140
Impôts éludés $	5 258 000	10 240 000
Amendes $$	4 064 000	8 110 000
Cas d'emprisonnement	5	12

Au Québec et au Canada, on remarque que les fraudeurs du fisc se voient imposer une amende moyenne de 75 % de l'impôt éludé. On peut aussi constater que les condamnations pour évasion fiscale pour lesquelles la prison a été imposée, représentaient moins de 10 % du total des cas des condamnations et que finalement, seulement 12 fraudeurs d'impôts au Canada ont purgé une peine d'emprisonnement en 1999.

Attaque à l'évasion fiscale

Quant aux performances de notre administration, on remarque qu'au Canada, on a réussi à épingler 140 fraudeurs du fisc en 1999 pour un impôt éludé totalisant 10 millions de dollars! Un pauvre résultat de la part de nos gouvernements, compte tenu que pour la même année, le vérificateur général du Canada estimait que l'évasion fiscale coûtait au moins 12 milliards de dollars![28] C'est donc dire que les autorités fiscales ne réussissent même pas à récupérer le dixième d'un centième (0,1 %) des dollars d'impôts éludés.

Il va sans dire que le fisc canadien doit se retrousser les manches et commencer à vraiment travailler s'il veut réussir à endiguer ce fléau. Même si elles ne donnèrent pas les résultats escomptés, on doit noter les quelques initiatives prises par nos gouvernements dans le passé pour arrêter ce fléau.

À titre d'exemple, une dépêche de la presse canadienne, datée du samedi 2 février 2002, indiquait que « *Le fédéral s'attaque à l'évasion fiscale* ». On faisait référence à l'Agence des douanes et du revenu du Canada annonçant la décision du gouvernement fédéral de lancer une vaste offensive contre ceux qui parviennent à se soustraire au fisc, notamment les travailleurs de l'économie souterraine, mais aussi les particuliers et entreprises qui doivent des impôts à Ottawa. Pour ce faire, on citait l'embauche de 9 600 percepteurs d'impôts qui auront pour principal mandat de procéder à des vérifications et à des enquêtes fiscales, ainsi qu'au recouvrement des montants dus. Évidemment, cette attaque à l'évasion fiscale, qui semble être la dernière fierté de l'ADRC, ne faisait aucunement état de mesures plus rigides telles que l'application de pénalités plus sévères ou d'un durcissement des peines d'emprisonnement à l'égard des fraudeurs du fisc.

En 1993, le fisc avait agi lorsqu'il avait adopté une panoplie de mesures contre l'économie clandestine, notamment l'affectation de 200 employés à son programme visant les non-déclarants, et 1 000 employés placés à la vérification des petites et moyennes entreprises oeuvrant dans des secteurs où l'économie clandestine est fréquente. Bien que le gouvernement fédéral se vantait alors que cette croisade contre l'économie clandestine avait rapporté des recettes fiscales de l'ordre de 2,5 milliards de dollars en 5 ans, le vérificateur général du Canada indiquait dans le rapport annuel[29] du mois d'avril 1999, que les recettes fiscales attribuables à la détection de revenus non déclarés par les 1 000 employés alloués à cette section étaient nettement inférieures aux 500 millions de dollars, au cours de la période visée de 5 ans.

L'adoption de la Loi sur le recyclage des produits de la criminalité visant à contrer le blanchiment d'argent représente aussi un outil du gouvernement fédéral pour lutter, de manière accessoire, à l'évasion fiscale.

***

Les gouvernements : complices de l'évasion fiscale?

La nécessité d'une approche vigoureuse à la lutte à l'évasion fiscale a été soulignée à plusieurs reprises par nos politiciens. On n'a qu'à citer Monsieur Andrew Teledgi, député fédéral de Kitchener-Waterloo, qui a pris le taureau par les cornes lorsqu'il est intervenu à la séance du comité des comptes publics du 12 juin 1996 en posant à monsieur Pierre Gravelle, sous-ministre du revenu national, la question à savoir si on « *devrait envoyer un plus grand nombre de fraudeurs fiscaux en prison, car nous savons que cela aurait un effet dissuasif pour eux. Je parle ici des gens reconnus coupables d'avoir fraudé le fisc de centaines de milliers de dollars. Je pense qu'il est temps de leur envoyer un message.* »

Finalement, l'actuel gouvernement québécois et son ministre des finances, monsieur Yves Séguin, n'ont pas négligé le sujet durant la campagne électorale. En effet, il nous précisait que : « *Un gouvernement du Parti libéral du Québec entend également revoir toutes les échappatoires fiscales et stratagèmes qui permettent illégalement de ne pas payer d'impôts. En raison de la grande complexité des stratégies d'évasion fiscale et de la mobilité des capitaux entre les juridictions, nous engagerons des discussions avec les autres gouvernements canadiens dans le but d'établir une stratégie commune pour combattre la fraude fiscale. L'intérêt de la société commande une intervention énergique.* »[30]

L'avenir saura nous démontrer à quel point le Parti libéral du Québec était sérieux dans son combat contre la fraude fiscale. Or, en janvier 2004, le ministre Séguin confirmait sa détermination à s'attaquer à l'évasion fiscale. Il estimait pouvoir récupérer beaucoup et parlait de milliards de dollars.

Toutefois, jusqu'à présent, les gouvernements n'ont pas su contrôler la situation et ils ont négligé l'ampleur de ce crime. Les moyens qu'ils ont pris n'ont certainement pas débouché sur les résultats escomptés puisque le problème grossit à vue d'œil. En matière de lutte contre l'évasion fiscale, les vérifications suivies de factures salées sont pratiquement le seul moyen utilisé à ce jour par nos gouvernements pour livrer bataille. Quand le fisc comprendra-t-il qu'il doit avoir recours à un arsenal plus important pour contrer l'évasion fiscale? Le fisc pensait avoir trouvé la solution en publicisant certains cas d'évasion fiscale dans les journaux. Il estimait qu'une telle publicité aurait un effet dissuasif sur les autres contribuables. Une solution totalement inappropriée compte tenu de l'ampleur du fléau et de l'audace des criminels. C'est donc par son manque de rigueur et de fermeté que le fisc encourage les contribuables à se convertir en super fraudeurs d'impôts et qu'il élargit les écarts entre les classes sociales.

Pour gagner la lutte à l'évasion fiscale, on doit prendre les grands moyens et cesser de la considérer au même titre qu'une infraction mineure au code de la sécurité routière. Pour mieux la comprendre, comparons-la plutôt à l'alcool au volant. Donc, c'est simple, « tolérance zéro ».

Les gouvernements doivent adopter des mesures simples et efficaces qui puniront les contrevenants, qui dissuaderont les autres d'agir ainsi et qui éveilleront la population à l'ampleur du fléau.

Chapitre 6

DES ORGANISATIONS RELIGIEUSES QUI FRAUDENT L'IMPÔT

– L'Ordre antonien libanais des maronites – Mon expérience personnelle avec les maronites – Faux reçus de dons – Réaction du fisc fédéral – Pendant ce temps, à Québec... – Le Collège rabbinique de Montréal et Construit Toujours Avec Bonté – Une enquête du fisc fédéral – Aucune accusation... aucune cotisation – Silence total – Pendant ce temps, à Québec... – Les organisations religieuses : organismes de bienfaisance ou abris fiscaux – La manipulation fiscale de l'Initiatives Canada Corporation – Les autorités semblent avoir perdu le contrôle fiscal des organismes de charité.

N'est-ce pas choquant d'apprendre que des organisations religieuses ont été au centre de scandales pour évasion fiscale? Après tout, il s'agit bel et bien d'un crime. Oseraient-elles se défendre en prétendant qu'elles viennent ainsi en aide à leurs riches paroissiens qui paient trop d'impôt?

L'Ordre antonien libanais des maronites, *Le Collège rabbinique et Construit Toujours Avec Bonté* ont effectivement été impliqués dans des fraudes fiscales pour avoir émis de faux reçus d'impôt pour un montant totalisant 75 millions de dollars. Les enquêtes des autorités fiscales et les déclarations des dénonciateurs dans les dossiers nous révélaient des stratagèmes simples et efficaces nécessitant la conspiration de l'organisation religieuse impliquée et de milliers de donateurs dont l'unique but était de frauder le fisc.

Le présent chapitre dresse le récit des scandales d'impôt impliquant ces organisations. L'audace et la malhonnêteté des stratagèmes mis en place vous surprendront d'autant plus qu'ils proviennent d'organismes religieux. D'autre part, vous serez renversés par les décisions du fisc dans le dossier du Collège rabbinique, un dossier qu'il aimerait bien voir passer au déchiqueteur...

Devant la tendance grandissante à frauder le fisc par le biais d'organismes de charité, nous sommes en droit de nous demander si certaines Églises ne sont pas devenues purement et simplement des abris fiscaux. Pour illustrer cette situation, nous examinerons plus loin le programme de dons créé par l'Initiatives Canada Corporation qui démontre bien que la charité est devenue un prétexte pour éviter l'impôt.

***

L'Ordre antonien libanais des maronites

Depuis la fameuse affaire de la secte nommée Ordre du Temple solaire, j'ai eu spontanément tendance à me méfier des organisations dont la dénomination commence avec le mot « Ordre ». Mais l'Ordre antonien libanais des maronites (« Ordre des maronites ») n'est pas si étrange que ça. En fait, il ne s'agit pas d'une secte, il s'agit tout simplement d'une communauté de l'Église chrétienne et elle compte environ 25 000 adeptes à Montréal.

L'Ordre des maronites est aussi le premier ordre religieux à avoir été poursuivi officiellement par le fisc canadien pour fraude fiscale. Rien de moins.

Mon expérience personnelle avec les maronites

C'était un samedi soir d'hiver et on m'avait invitée à rencontrer les principaux membres de cette communauté dans une petite salle d'une église d'Outremont. Je dois dire que j'avais hâte de sortir de cette pièce isolée où la tension était palpable. Même si je n'en ai jamais vu, je pensais avoir abouti dans un bunker de guerre. Cette fois, c'était la guerre contre le fisc.

J'ai rapidement constaté que je n'étais pas la bonne personne pour aider ces gens, d'une part parce que je n'en avais vraiment pas le goût, et d'autre part, parce qu'il m'apparaissait évident qu'ils avaient surtout besoin d'un bon avocat. Je dois aussi admettre qu'ils ne m'auraient sûrement pas confié un mandat de toute façon.

Ils étaient vraiment insultés de s'être fait attraper à frauder le fisc. À les entendre parler, c'était la chose la plus injuste que l'on puisse imaginer. Loin d'eux l'idée que lorsqu'ils fraudent le fisc, ils volent l'ensemble de la société, ils me volent et ils portent atteinte au confort de ma famille. Je crois n'avoir jamais vu pire. J'ai néanmoins assisté à une seconde rencontre au cours de laquelle je leur ai présenté un avocat. Aucun détail sur les fraudes n'ayant été vraiment abordé durant ces deux rencontres, à part des plaintes et des complaintes à l'égard du gouvernement canadien, je ne me considère donc pas tenue par le secret professionnel. L'affaire a été rendue publique, fort heureusement.

Faux reçus de dons

L'affaire a commencé lorsqu'un dénonciateur, vraisemblablement la conjointe d'un administrateur de l'Ordre antonien libanais des maronites qui cherchait à se venger de son mari, a informé le fisc que l'Ordre permettait à certains donateurs de réclamer des dons de charité pour un montant supérieur au don réel qui avait été effectué.

Les autorités fiscales ont enquêté pendant plusieurs mois durant l'année 1996. Le 10 juillet de la même année, elles ont perquisitionné simultanément les bureaux de l'Ordre au 1500, avenue Ducharme et des résidences de Pierrefond, d'Anjou et de Roberval. Les enquêteurs ont mis la main sur une disquette informatique qui en disait long sur les dons réels et les faux dons.

Ils ont réussi à faire parler huit donateurs qui ont décrit les stratagèmes élaborés par l'Ordre. On mit ainsi au jour 4 façons différentes pour frauder le fisc :

- Première façon : Le donateur faisait un **chèque** variant entre 500 $ et 25 000 $ à l'Ordre pour lequel il recevait un reçu pour don. L'organisation lui remettait ensuite une somme d'argent comptant qui représentait normalement 80 % du chèque;
- Deuxième façon : Le donateur faisait un **chèque** pour un montant égal à 20 % du reçu émis;
- Troisième façon : Le donateur faisait un **versement comptant** d'environ 20 % du reçu émis;
- Quatrième façon : Le donateur recevait un reçu sans aucune contrepartie.

Les reçus de dons pour les années sous enquête, soit de 1989 à 1994, totalisaient 13,8 millions de dollars et on estimait qu'au moins 1000 donateurs avaient participé à cette fraude fiscale. Plus de 20 d'entre eux avaient donné des sommes très importantes dont :

Noms	Faux reçus
Dr Naji Abinader, orthopédiste	394 200 $
Samuel J. Korah, homme d'affaires	147 033 $
Wilhelm Verhufen, homme d'affaires	131 200 $
Dr Pierre Ghosn, chirurgien	93 600 $
Dr Jean A. Neemeh, hématologue	92 000 $
Élie Khouri, chirurgien	90 000 $
John Korah, administrateur	63 700 $

Quant aux états financiers de l'Ordre, on pouvait y lire que l'argent versé par les donateurs était envoyé au Liban, ce qu'a refusé de croire le fisc.

Réaction du fisc fédéral

Dans un premier temps, le fisc fédéral a émis de nouvelles cotisations pour l'ensemble des donateurs ayant profité de cette fraude dont on estimait les pertes fiscales à plus de 2,9 millions de dollars. Le gouvernement prétend ainsi avoir touché plus de cinq millions de dollars en impôt, pénalités et intérêts.

Le fisc n'a pas pu poursuivre les prêtres de l'Ordre que l'on soupçonnait d'avoir participé à cette fraude parce qu'ils se sont littéralement sauvés au Liban avant même que des mises en accusation leur soient émises.

Quant à l'Ordre et ses administrateurs, monsieur Ralph Nahas et monsieur Samir Boustany, le fisc les a officiellement poursuivis au mois de novembre 1996 pour évasion fiscale. C'est seulement le 18 juin 1998 que l'Ordre, monsieur Nahas et monsieur Boustany, ont reconnu leur culpabilité. Ils ont avoué avoir émis à 1000 donateurs des faux reçus de dons pour une valeur de 10 millions de dollars. Pour leur offense, la Cour du Québec les obligea à verser une amende d'un montant de 200 000 $ pour l'Ordre et de 40 000 $ chacun, pour messieurs Nahas et Boustany.

En ce qui a trait aux donateurs beaucoup plus impliqués dans cette fraude fiscale, ils furent formellement accusés d'évasion fiscale. Ils ont eu à rembourser les impôts en cause, une pénalité variant de 50 % à 100 % de l'impôt éludé, et des intérêts.

Finalement, le Dr Naji Abinader, cet orthopédiste de Roberval qui avait obtenu des reçus de dons pour un montant total de 394 200 $, a bien failli s'en sortir indemne. Le Dr Naji Abinader, ce Canadien d'origine libanaise qui a connu la guerre dans son pays, prétendait qu'il donnait au Liban, par l'intermédiaire de l'Ordre maronite, des sommes importantes justifiant ainsi l'écart entre les reçus de dons et les sommes que les autorités fiscales prétendaient être les dons réels. À cet effet, il démontrait même qu'il recevait périodiquement des nouvelles d'orphelinats et d'autres institutions au Liban relativement aux dons qu'il leur faisait.

Le Dr Abinader a d'abord été acquitté d'évasion fiscale à la Chambre criminelle de la Cour du Québec le 1er novembre 1999 en faisant casser une perquisition effectuée à son domicile sous le motif qu'elle avait été demandée dans le district judiciaire de Québec, et non dans le district judiciaire de Roberval où il habitait. En constatant cette bévue, Me Patrick Jetté, procureur de la couronne fédérale, n'a pas eu d'autre choix que d'admettre que la preuve n'était plus suffisante pour condamner le contribuable, et il avait alors recommandé l'acquittement du Dr Naji Abinader. La couronne fédérale en appela de la décision et, le 26 mars 2001, la Cour supérieure donna gain de cause au fisc en concluant que le juge de première instance n'avait pas juridiction pour casser la perquisition. Un nouveau procès fut donc ordonné. Le 26 avril 2001, monsieur Abinader logea une requête pour obtenir la permission d'en appeler de cette décision et elle fut rejetée.

On devait donc s'attendre à un nouveau procès mais de façon surprenante, les intervenants ont décidé d'abandonner les procédures. Un représentant du ministère de la Justice m'a confirmé qu'un nouvel avis de cotisation avait été émis à monsieur Abinader récemment, relativement aux dons en cause. Donc, plus de 10 ans après que Dr Naji Abinader eut soi-disant donné des sommes totalisant 394 200 $ à l'Ordre des maronites, on sera en mesure de récupérer les impôts en cause.

Enfin, ne cherchez plus l'Ordre antonien libanais des maronites, il œuvre dorénavant sous le nom de l'« Ordre de Saint-Antoine Le Grand » toujours à la même adresse, au 1500, rue Ducharme à Montréal. Quant à son statut fiscal, l'ADRC l'a effectivement reconnu comme une œuvre de bienfaisance avec les avantages que ça comporte incluant la possibilité d'émettre à des donateurs des reçus donnant droit aux déductions fiscales d'usage...

Pendant ce temps, à Québec...

J'ai entrepris de multiples recherches afin de savoir comment le ministère du Revenu du Québec a réagi dans ce dossier. J'ai vérifié dans les communiqués du ministère du Revenu du Québec, dans la jurisprudence et même dans les journaux de l'époque et, ...*rien*. Évidemment, inutile d'aller cogner chez les maronites pour en savoir plus. Ma dernière alternative était donc le MRQ, et pourquoi pas? J'ai donc communiqué avec la direction des communications du

MRQ : on m'a d'abord fait le coup de la confidentialité. Il s'est alors entrepris une série d'appels téléphoniques et de discussions. On m'a finalement proposé un accord pour que je puisse citer la conclusion suivante : *« puisqu'à ce jour, soit plus de 5 ans après que le dossier a été traité par le fédéral, il n'y a pas eu d'accusations pour évasion fiscale au niveau du provincial, il est raisonnable de prétendre que le MRQ va en rester là. Toutefois, cela n'exclut pas le fait qu'il y a eu émission d'avis de cotisation aux contribuables en cause, incluant des intérêts et des pénalités »*.

***

Le Collège rabbinique de Montréal et Construit Toujours Avec Bonté

Le Collège rabbinique et Construit Toujours Avec Bonté (« CTAB ») se sont installés dans la communauté juive hassidique de Boisbriand et on les soupçonnait d'avoir émis de faux reçus de dons pour une valeur totale de 60 millions de dollars. Ce scandale représente la plus importante fraude fiscale impliquant une organisation religieuse au Québec.

Cette affaire a aussi débuté avec l'aide d'un dénonciateur. Il s'agit de monsieur Joseph Gutstadt, président de Magil Construction International, qui avait informé les autorités fiscales fédérales en 1998 que son ancien associé, monsieur Sol Polachek, avait fait des dons de charité pour une valeur de 1,8 million au Collège rabbinique de Montréal (« Collège rabbinique »). Monsieur Polachek obtenait des reçus d'impôt au montant des soi-disant dons, alors que l'organisation lui remettait en argent comptant pour environ 80 % du montant de son chèque.

Dans sa dénonciation, monsieur Gutstadt affirmait aussi avoir vu à plusieurs reprises le rabbin Aron Mizrachi, directeur du collège, se rendre au bureau de monsieur Polachek avec un sac de papier et il déclarait même l'avoir vu remettre des billets de banque à son ancien associé. Dans le but de piéger le rabbin, monsieur Gutstadt l'a rencontré le 24 septembre 1997 en prétendant qu'il souhaitait lui aussi profiter du système de dons. Durant cette rencontre, le rabbin lui confia que monsieur Polachek faisait affaire avec lui depuis 12 ans et il expliqua la simplicité du système; le donateur fait un don et en retour il reçoit en argent liquide de 80 % à 90 % du montant du soi-disant don. Finalement, il précisait que plusieurs personnes de la communauté juive étaient mêlées à cette affaire.

Une enquête du fisc fédéral

Il va sans dire que l'ADRC a alors entrepris une enquête en profondeur sur le Collège rabbinique et ses riches donateurs. Des perquisitions ont été faites le 28 avril 1999 dans les locaux du Collège rabbinique à Boisbriand et dans ceux de différents intervenants dans cette affaire. On pouvait lire dans les mandats que le Collège rabbinique a émis des reçus de charité pour 58,3 millions de dollars entre 1992 et 1997. On apprenait aussi que CTAB a émis des reçus de dons pour 5,4 millions de dollars entre 1995 et 1997.

Le 20 septembre 2000, CTAB était condamné à verser une amende de 400 000 $ et plaidait coupable à des accusations d'évasion fiscale. Suite à cette condamnation, le gouvernement fédéral indiquait qu'il prévoyait cotiser les particuliers et les sociétés qui ont participé à cette machination impliquant CTAB. Quant au Collège rabbinique et ses multiples fraudes, le gouvernement fédéral décidait de fermer le dossier d'enquête sans porter d'accusations et il lui laissait même le droit d'émettre des reçus de dons à des fins fiscales. Cette décision résultait d'une négociation entre le fédéral et les dirigeants des organisations juives impliquées; il s'agissait en somme de l'engagement du fédéral si CTAB plaidait coupable. À première vue, on constate facilement qu'il s'agissait d'une entente beaucoup trop désavantageuse pour le gouvernement fédéral. Certains ont d'ailleurs soulevé les relations étroites entre le ministre du Revenu responsable du dossier, Martin Cauchon, et les juifs hassidiques d'Outremont qui l'avaient fortement appuyé durant ses élections[31].

Aucune accusation… aucune cotisation

Et là, contrairement aux dossiers des maronites où les administrateurs et les plus « importants » donateurs furent poursuivis pour évasion fiscale, aucune accusation ne semble avoir été portée contre d'autres intervenants dans le dossier à ce jour.

En outre, il semble qu'aucune cotisation ait été émise aux donateurs du Collège rabbinique pour les impôts non payés relativement à de faux reçus de dons. La seule information publique sur cette question qui me porterait à croire que le fisc fédéral aurait tenté d'émettre des cotisations à l'encontre des donateurs est un arrêt de jurisprudence (Kligman c. Le ministre du Revenu national[32]) impliquant 5 donateurs du Collège rabbinique. Ceux-ci s'opposaient à des demandes péremptoires en vertu desquelles Revenu Canada demandait des informations aux contribuables relativement aux dons de charité qu'ils prétendaient avoir faits au Collège rabbinique.

Cette situation où trop de monde semble s'en être sorti indemne contredit les allégations des responsables du dossier de l'époque chez Revenu Canada. Je fais ainsi référence à un fonctionnaire de la division de la vérification de Revenu Canada, monsieur Gaétan Ouellette, qui indiquait à l'époque que l'ADRC poursuivrait effectivement les donateurs et même que les plus importants donateurs se retrouveraient aux prises avec des accusations criminelles[33]

Silence total

Ne pouvant pas le croire, je me suis décidée à contacter les autorités fiscales à Ottawa afin que l'on m'informe de l'état du dossier. Bien entendu, j'ai tenté d'entrer en communication avec monsieur Ouellette, mais on m'a fait savoir qu'il avait pris sa retraite. Pour la suite des choses, encore de la confidentialité, de la grande confidentialité.

J'ai tout essayé et la seule information que j'ai finalement réussi à obtenir est que le fisc fédéral avait procédé en 2000 à la radiation de l'enregistrement du Collège rabbinique comme oeuvre de bienfaisance. Bien entendu, le Collège a porté cette décision en appel à la Cour fédérale du Canada. Le mémoire de l'ADRC, dont j'ai pris connaissance, a été présenté à la Cour le 9 juin 2003. On y apprend ainsi que les problèmes du Collège rabbinique avec le fisc remontent à l'année 1980 alors qu'une première lettre l'informait que son enregistrement comme oeuvre de bienfaisance serait radié s'il ne se conformait pas aux exigences de la loi. Il s'en suivit une série de lettres et de vérifications pendant plus de 20 ans. Et voilà qu'en 2000, alors que le Collège rabbinique fait encore la pluie et le beau temps avec nos impôts, le fisc prend enfin position et ose le radier : l'affaire aboutit en Cour fédérale. Aussi étonnant que cela puisse paraître, aujourd'hui, le Collège rabbinique est toujours enregistré comme oeuvre de bienfaisance dans les dossiers du ministère du Revenu du Canada.

Étant donné le manque d'information et l'impossibilité d'en obtenir en raison de la confidentialité, il est très difficile d'émettre une conclusion sur la position du fisc fédéral dans le dossier du Collège rabbinique et CTAB. On sait que CTAB a effectivement reconnu sa culpabilité, que le Collège rabbinique s'en est sorti haut la main, qu'aucun administrateur a été poursuivi et que le fisc fédéral avait l'intention de poursuivre les donateurs de CTAB. Quant aux donateurs du Collège rabbinique, il faut présumer que justice sera faite.

Pendant ce temps, à Québec...

Un peu à l'image du dossier des maronites, le MRQ m'a indiqué que si le fédéral cotisait, il cotiserait sur la même base.

Incroyable, une fraude de plus de 60 millions de dollars, des fraudeurs qui admettent, une dénonciation étoffée, tout ça pour 400 000 $ d'amende. Le moins que l'on puisse dire, c'est que ces fraudeurs ont eu la vie moins dure que leurs collègues maronites.

Les organisations religieuses : organismes de bienfaisance ou abris fiscaux

Constatons-le : nous faisons face à des situations où des organisations religieuses ont fraudé le fisc pour plusieurs millions de dollars. Des organisations qui conspirent avec des milliers de donateurs et qui mettent en place des stratagèmes d'évasion fiscale pendant des dizaines d'années. À défaut pour le fisc d'en avoir été informé par des dénonciateurs, on peut raisonnablement penser que ces méthodes frauduleuses de financement sur le dos des contribuables canadiens existeraient toujours.

Qu'en est-il des autres organisations religieuses? Certaines d'entre elles seraient-elles devenues des abris fiscaux? Ou encore, des Églises sont-elles devenues les amies, voire les complices des contribuables qui cherchent simplement à frauder le fisc?

***

La manipulation fiscale de l'*Initiatives Canada Corporation*

Le programme élaboré par l'*« Initiatives Canada Corporation »* en dit beaucoup sur la manipulation fiscale que l'on réussit maintenant à faire avec la supposée charité. Vous constaterez ainsi que la charité est devenue un prétexte pour éviter l'impôt, que certaines Églises sont devenues des abris fiscaux et que l'intervention du fisc dans ces dossiers n'est vraiment pas intimidante.

L'*« Initiatives Canada Corporation »* (« ICC ») est une société canadienne dont l'objectif est de faire la promotion de programmes de bienfaisance et elle agit donc à titre d'intermédiaire entre un donateur et un organisme de bienfaisance qu'elle cherche à aider. Pour ce faire, *« les particuliers ont la possibilité d'acheter un certain nombre d'articles proposés par l'entremise de notre programme de dons. Les acheteurs peuvent ensuite choisir de conserver ces articles ou de les remettre à un organisme de bienfaisance qui a convenu qu'il les accepterait en vertu du programme de dons de l'ICC. Dans ce dernier cas, au bout de 60 jours, l'acheteur aura obtenu un reçu pour fins d'impôts d'un montant égal à la juste valeur marchande des articles donnés. »[34]*

91

Entre vous et moi, c'est simple, vous achetez des livres à bas prix que vous donnez ensuite à une église, laquelle vous émet un reçu de don pour un montant beaucoup plus élevé, c'est à dire à leur juste valeur marchande. Qu'est-ce que fait l'ICC dans tout cela? Elle sert de plaque tournante entre les livres, vous, et l'église.

Citons l'exemple que l'ICC nous donne pour démontrer notre rendement sur un achat de livres à un coût de 10 000 $, livres qui sont ensuite donnés à une église, alors qu'on prétend que la valeur a augmenté à 56 500 $:

Prix d'achat	10 000 $
L'escompte de 9 %[35]	900
Prix d'achat net	9 100
Valeur du don	
(en fonction de la Juste valeur marchande)	56 500
Crédit d'impôt @ 48,22 %	27 244
Moins impôts sur gains en capital	*11 478*
Crédit d'impôt net touché par le donateur	15 816
Moins prix d'achat	*9 100*
Accroissement des disponibilités	6 716
% du rendement sur capitaux propres	74 %

L'ICC indique que les livres en question seront donnés à l'église All Saints Greek Orthodox, soit l'organisme de charité avec lequel elle fait affaire. Ainsi, selon nos calculs, des livres ayant une valeur de 30 millions de dollars[36] devront être donnés à cette église pour que le projet soit rentable pour l'ICC. Si chacun de ces livres est effectivement donné, permettez-moi de penser que ça fait beaucoup de livres pour une église…

Quant à l'aspect fiscal et légal des transactions, l'ICC a obtenu des opinions juridiques et fiscales à l'effet que les contribuables profitant de ce stratagème ne devraient pas avoir de problème avec le fisc. De toute façon, l'ICC s'est constitué un fonds de défense au cas où les transactions suggérées feraient l'objet de cotisations fiscales! On signale en outre que ce fonds de défense d'un montant de 500 000 $ pourra servir à payer les honoraires professionnels encourus dans un éventuel dossier de réclamation fiscale.

On pourrait raisonnablement considérer l'ICC comme un château de cartes dont les bénéfices pour le donateur reposent sur la prémisse (ou fabulation) que la valeur des livres aura augmenté de 500 % à 600 % entre le moment de leur achat et celui de leur don à l'église. Un montage où il y a tout lieu de se demander qui exactement on réussit à aider, une église ou des contribuables canadiens soucieux de réduire leur fardeau fiscal?

***

Les autorités semblent avoir perdu le contrôle fiscal des organismes de charité

L'Ordre antonien des maronites, le Collège rabbinique de Montréal, Construit Toujours Avec Bonté et l'ICC sont des exemples où les autorités semblent avoir perdu le contrôle fiscal des organismes de charité. Dans certains cas, on utilise un organisme dit charitable pour frauder et dans d'autres, on transforme celui-ci en abri fiscal.

On peut aussi se questionner sur la sévérité des sanctions qui furent imposées aux personnes impliquées dans ces dossiers et particulièrement le Collège rabbinique et CTAB. Auraient-elles été beaucoup plus importantes si des organisations religieuses n'avaient pas été au centre de ces fraudes?

Chapitre 7

LA FACE CACHÉE DE LA CONTREBANDE DE CIGARETTES

– Une lutte à finir entre l'État et les compagnies de tabac – Le phénomène de la contrebande de cigarettes : 31 % du marché – D'ou provenaient les cigarettes de la contrebande? – Les compagnies de tabac établissent des zones franches – Comment faire de la contrebande grâce aux exemptions fiscales – Les compagnies de tabac ont menacé le gouvernement – Complicité entre cigarettiers et contrebandiers – Michael Bernstein, Directeur des ventes hors taxes de Brown & Williamson : 1000 $ d'amende... – Larry Miller : une fortune de 750 millions de dollars et... 17 ans de prison – Leslie Thompson : Représentant de RJR-Macdonald : 7 ans de prison – Christopher Gibb-Carsley : Représentant de RJR-Macdonald – La plus importante fraude jamais commise par une entreprise – La contrebande de cigarettes en 2004 – Nos gouvernements ont poussé les citoyens vers la contrebande.

Vous êtes-vous déjà demandé **qui** se cachait réellement derrière le phénomène de la contrebande de cigarettes du début des années 1990?

Contrairement à la croyance populaire, la contrebande de cigarettes au Canada durant les années 90 n'était pas l'apanage des réserves amérindiennes. Nous avons affaire ici à un crime organisé à un très haut niveau et qui, selon l'Association pour les droits des non-fumeurs, a coûté au bas mot plus de 11 milliards de dollars en perte de recettes fiscales au gouvernement fédéral et 3 milliards de dollars au gouvernement québécois. Tel que vous pourrez le constater dans le présent chapitre, il est évident que les grandes compagnies de tabac sont effectivement la « face cachée » de la contrebande de cigarettes des années 1990.

Une lutte à finir entre l'État et les compagnies de tabac

Les politiques fiscales à l'égard du tabac sont fortement influencées par la volonté de nos gouvernements de réduire le tabagisme au pays. Le **30 avril 1987**, le gouvernement fédéral lançait sa *Stratégie nationale de lutte contre le tabagisme* dont l'objectif, fort louable mais totalement irréaliste, était d'en arriver à une génération de non-fumeurs d'ici l'an 2000 : c'était sans compter sur les compagnies de tabac dont l'objectif était à l'opposé absolu de celui du gouvernement! Il s'est alors engagé une lutte à finir entre l'État et les compagnies de tabac.

Le phénomène de la contrebande de cigarettes : 31 % du marché

Les autochtones bénéficient d'une exemption de taxes provinciales et fédérales. Normalement, un non-autochtone ne peut pas profiter de ces exemptions de taxes même lorsqu'il se procure des cigarettes sur une réserve amérindienne. Toutefois, et compte tenu de la faiblesse du contrôle gouvernemental et de l'impossibilité de vérifier l'origine des acheteurs de cigarettes sur les réserves, les autochtones ne faisaient normalement pas payer de taxes aux non-autochtones. Les comptoirs autochtones de vente de cigarettes étaient donc considérés par plusieurs comme étant des boutiques hors taxes, tout simplement.

Les premiers indices de contrebande sont apparus vers 1984 alors que les Montréalais n'avaient qu'à se rendre à la réserve de Kahnawake pour se procurer des cigarettes à moindre coût, c'est à dire hors taxes. Cette pratique s'est popularisée en 1985, suite à une hausse importante des taxes sur les cigarettes.

À compter de 1987, Akwesasne est devenu le magasin général de la contrebande de cigarettes. En effet, la réserve d'Akwesasne chevauchant le Canada et les États-Unis, c'était un jeu d'enfant pour les autochtones d'importer, des États-Unis vers le Canada, des millions de cartouches de cigarettes sans être assujettis aux douanes et aux taxes canadiennes.

Entre 1988 et 1990, les activités de contrebande étaient devenues telles que l'on assista à la mise en place d'un réseau très structuré, impliquant la construction d'entrepôts, l'achat de véhicules et le développement de réseaux de distribution pancanadiens : la contrebande de cigarettes s'étendait alors à la plupart des grandes villes du Canada.

En 1990, en raison de la Crise d'Oka, les autochtones perdront leur rôle prédominant dans la contrebande de cigarettes au profit de la mafia montréalaise et des groupes de motards criminalisés. Les Mohawks continueront toutefois à jouer un rôle central compte tenu de la localisation stratégique de leur réserve d'Akwesasne.

En 1993, la contrebande de cigarettes avait pris une importance démesurée. En fait, Statistiques Canada estimait que seulement en 1993, plus de 15,6 milliards de cigarettes furent vendues en contrebande représentant ainsi 31 % du marché.

Ventes légales et ventes estimées provenant de la contrebande de cigarettes canadiennes[37]

	1986	1987	1988	1989	1990	1991	1992	1993
(Milliards de cigarettes)								
Ventes légales	63,6	61,1	60,3	56,4	52,9	46,7	41,3	34,8
Ventes estimées contrebande	0,0	0,6	0,6	1,3	1,8	6,6	9,8	15,6
Ventes totales	63,6	61,7	60,9	57,7	54,7	53,3	51,1	50,4

Le 8 février 1994, ayant manifestement perdu le contrôle de la situation, les gouvernements ont procédé à une réduction de l'ordre de 50 % des taxes sur les cigarettes, ce qui a mis un terme à la contrebande. Plusieurs concluront alors que les compagnies de cigarettes avaient gagné la bataille.

D'où provenaient les cigarettes de la contrebande?

Qui alimentait *réellement* le réseau en cigarettes? Les fabricants, bien sûr, mais encore fallait-il le prouver. On découvrira par la suite que l'implication des compagnies de tabac a évolué au fil des ans, bref qu'elles se sont dans un premier temps adaptées au *marché* pour ensuite s'y impliquer totalement.

Ainsi, au cours de l'année 1991, alors que les taxes étaient à leur paroxysme, les cigarettiers, alléchés par l'augmentation de leur chiffre d'affaires, ont élaboré des stratégies reliées à la contrebande de cigarettes. Les dirigeants de RJR-Macdonald, la troisième plus importante compagnie de tabac canadienne (celle qui fabrique les cigarettes de marque Export «A»), iront même jusqu'à tenir ouvertement des séances d'information sur la question.

Les compagnies de tabac établissent des zones franches

Vers la fin de 1992, les compagnies de tabac sont allées jusqu'à établir des zones franches[38] à Buffalo, Niagara Falls, Liverpool et Champlain (New York) pour faciliter la contrebande de quantités importantes de tabac. Les clients contrebandiers s'y rendaient, payaient comptant et prenaient possession de la marchandise : du *cash and carry!* Mais cette façon de procéder « embarrassait » les compagnies de tabac et très certainement leurs conseillers juridiques puisque cela les forçait à transiger directement avec les contrebandiers. Il s'avéra donc préférable pour elles de créer des entités « externes » chargées d'agir à titre d'intermédiaires entre les compagnies canadiennes et les contrebandiers. On réduisait alors le risque que le gouvernement fédéral découvre les activités de contrebande des compagnies de cigarettes. Certaines sociétés étrangères ont donc été constituées à cette fin et notons à titre d'exemple, la Northern Brands International (« NBI ») aux États-Unis, une société liée à la RJR-Macdonald.

Comment faire de la contrebande grâce aux exemptions fiscales

Ce système de contrebande de cigarettes impliquant des sociétés étrangères était possible grâce aux politiques fiscales fédérales permettant une exemption de taxes d'accise aux compagnies de tabac canadiennes sur leurs exportations! L'objectif de cette mesure d'assouplissement est de favoriser l'exportation de produits canadiens à l'étranger. Le problème était qu'en réalité, les compagnies de tabac canadiennes n'exportaient aucune cigarette parce que c'était elles-mêmes qui rachetaient leur propre production soi-disant exportée, la repassaient « incognito » au Canada, généralement à travers la réserve d'Akwesasne, pour que finalement ces cigarettes de contrebande soient revendues « hors taxes » et donc à bas prix sur le territoire canadien. Tout ce stratagème s'est organisé par l'entremise de plusieurs compagnies à numéros, des fausses entités et des compagnies étrangères. Les compagnies de tabac ont systématiquement « compliqué la route » à l'intention des autorités fiscales qui, tôt ou tard, et dans ce cas-ci plus tard que tôt, enquêteraient dans cette affaire. Une stratégie extrêmement rentable qui a d'ailleurs fort bien fonctionné pendant plusieurs années au Canada.

Néanmoins, et afin d'éliminer l'étape compromettante de l'exportation des cigarettes vers les États-Unis, la société RJR-Macdonald a eu la lumineuse idée de cesser tout simplement la production de deux gammes de cigarettes de sa populaire marque Export «A» à ses établissements de Montréal : la production en fut confiée à sa filiale RJR Puerto Rico. La cigarette produite à Puerto Rico était évidemment identique à celle consommée par les Canadiens : le producteur utilisait du tabac de Virginie provenant des usines de transformation de RJR-Macdonald en Ontario et emballait le tout dans des emballages qui imitaient les emballages canadiens. Une idée qui a fait son bout de chemin puisque les usines de RJR Puerto Rico ont produit environ 2,1 milliards de cigarettes Export «A» en 1992 et 1993! Les cigarettes de Puerto Rico destinées à la contrebande canadienne passaient par plusieurs routes avant d'aboutir dans nos cendriers, dont diverses îles des Caraïbes, Élizabeth (une zone franche du New Jersey) et finalement la réserve amérindienne de St. Régis /Akwesasne.

Les compagnies de tabac ont menacé le gouvernement

À cette époque, le gouvernement fédéral savait pertinemment que les cigarettes de la contrebande provenaient principalement de cigarettes hors taxes exportées aux États-Unis par les fabricants canadiens. C'est ainsi qu'en février 1992, afin d'éliminer cette pratique, une taxe à l'exportation de 8 $ fut imposée sur chaque cartouche de cigarettes. Un coup de hache dans la contrebande que les cigarettiers refusèrent d'accepter. Ils ont alors menacé le Canada de déménager leurs usines canadiennes aux États-Unis si cette taxe demeurait en vigueur. Une forte réaction qui confirmait implicitement que les compagnies de cigarettes canadiennes étaient non seulement des amies des contrebandiers mais aussi des associées. À peine deux mois plus tard, cette taxe fut abolie.

Des faits éloquents qui démontrent que plusieurs compagnies de tabac canadiennes alimentaient activement la contrebande de cigarettes. Elles ne faisaient pas que vendre le produit aux contrebandiers, elles s'ingéraient dans la contrebande. Les opérations de RJR-Macdonald, sa compagnie de Puerto Rico et sa société NBI aux États-Unis le démontrent clairement. De plus, le président d'Imperial Tobacco, monsieur Don Brown, déclarait même le 28 avril 1999 à la *Gazette* de Montréal que sa compagnie a fourni, en toute connaissance de cause, des cigarettes destinées à être éventuellement réintroduites au Canada en contrebande.

***

Complicité entre les cigarettiers et les contrebandiers aux États-Unis et au Canada

Dans le but de démontrer la complicité des compagnies de tabac dans la contrebande, il est pertinent de soulever les liens étroits qu'elles entretenaient avec les contrebandiers. Les cas de monsieur Michael Bernstein, de monsieur Larry Miller, de Christopher Gibb-Carsley et de Leslie Thompson nous laissent croire effectivement que ces personnes n'agissaient pas seules dans la contrebande mais plutôt avec le support des compagnies de tabac, un partenariat implicite quoique difficile à prouver.

Michael Bernstein : Directeur des ventes hors taxes de Brown & Williamson : 1000 $ d'amende...

Michael Bernstein n'était pas n'importe qui, il était nul autre que le directeur général des ventes hors taxes de Brown & Williamson, la société sœur d'Imperial Tobacco aux États-Unis.

Les affaires de monsieur Bernstein soulèvent la possible implication d'Imperial Tobacco dans un réseau de contrebandiers d'origine vietnamienne. Celui-ci fonctionnait d'une façon peu traditionnelle, les cigarettes étaient transportées jusqu'à un entrepôt sous douane, en Louisiane. C'est à cet endroit que monsieur Bernstein en faisait perdre la trace, prétendant que les cargaisons de cigarettes étaient vendues aux navires internationaux de passage dans les ports de la région, alors qu'en réalité on les acheminait vers Buffalo et ensuite au Canada par l'entremise de contrebandiers.

Les enquêteurs américains ont réussi à infiltrer ce réseau et à enregistrer des conversations téléphoniques tenues entre un agent double et monsieur Bernstein. Ils apprirent ainsi que Bernstein était en relation avec un cadre d'Imperial Tobacco au sujet de ses activités de contrebande et que cette société lui fournirait les cigarettes tant et aussi longtemps qu'il n'aurait pas de problèmes avec la justice. Lorsque cette affaire a été rendue publique, la société Imperial Tobacco a réagi fortement, en admettant toutefois que monsieur Bernstein avait des contacts avec le responsable des exportations de l'entreprise.

Les autorités américaines ont finalement accusé monsieur Bernstein de trafic de cigarettes. Il a plaidé coupable en septembre 1997 et a écopé d'une amende de... 1000 $! Les autorités américaines n'ont toutefois pas établi de liens avec Brown & Williamson dans cette affaire, acceptant donc implicitement que monsieur Bernstein s'était mêlé de la contrebande à titre privé et non pas en tant qu'employé de cette société. Cette situation, aussi accablante soit-elle, n'a donc pas suffi pour prouver la connivence des compagnies de tabac avec des activités reliées à la contrebande de cigarettes.

Larry Miller : une fortune de 750 millions de dollars et... 17 ans de prison

La contrebande pour monsieur Miller n'était pas qu'un passe-temps, c'était une véritable entreprise qui lui a permis de se constituer une fortune personnelle de 750 millions de dollars américains[39].

Larry Miller opérait assez simplement, il agissait comme intermédiaire entre les « passeurs »[40] de la réserve d'Akwesasne et les producteurs, particulièrement RJR-Macdonald. Miller avait des contacts fréquents avec Leslie Thompson, un représentant de RJR-Macdonald, qui se rendait même en personne à la réserve d'Akwesasne pour faire des affaires[41]. Faits intéressants, il sera par la suite révélé l'existence de parties de pêche et de soirées bien arrosées entre monsieur Miller et les hauts dirigeants de RJR-Macdonald, dont monsieur Thompson et monsieur Stanley Smith, ancien vice-président de la direction de RJR-Macdonald au Canada.[42]

C'est en novembre 1998 que Miller a reconnu sa culpabilité à diverses accusations de contrebande de cigarettes et il accepta de témoigner contre ses fournisseurs de l'industrie du tabac. Il a été condamné à 17 ans de prison aux États-Unis.

Leslie Thompson : Représentant de RJR-Macdonald : 7 ans de prison

Leslie Thompson, citoyen canadien et haut dirigeant de RJR-Macdonald était très apprécié de son employeur. Selon ses propos, il fut mandaté vers les années 1991 par les plus hauts dirigeants de la société pour mettre en place un véritable réseau de contrebande de cigarettes. Il a donc établi des contacts avec des trafiquants et a mis en place un réseau complexe. Il a rencontré les objectifs d'affaires de la société puisque le marché parallèle provenant de la contrebande avait pris un essor phénoménal en peu de temps. Il a ultérieurement lui-même admis avoir aidé les contrebandiers à écouler pour près de 700 millions de dollars américains de cigarettes sur le marché noir au Canada.

Leslie Thompson a été arrêté le 24 février 1999 par des agents américains à Windsor en Ontario, menotté et incarcéré dans une prison de l'État de New York. Quelques jours après son incarcération, il apprenait d'un avocat de RJR-Macdonald qu'elle le laissait tomber et qu'elle se dissociait de toute implication avec ses activités de contrebande. Il a alors plaidé coupable à des accusations de contrebande et il a été condamné à 7 ans de prison. Quant à RJR-Macdonald, elle s'en est encore sortie indemne mais Thompson a décidé qu'il ne serait pas seul à en payer la note. Il s'est mis à table et expliqua tout ce qu'il savait sur la contrebande.

Christopher Gibb-Carsley : Représentant de RJR-Macdonald

Christopher Gibb-Carsley a été le premier contrebandier à être arrêté par les autorités canadiennes dans le cadre d'une enquête sur le trafic de cigarettes. Gibb-Carsley, représentant de ventes pour RJR-Macdonald, et deux de ses complices furent arrêtés en septembre 1998, suite à une longue enquête.

Gibb-Carsley avait été mis en congé par RJR-Macdonald en 1996 peu de temps après que son domicile eut fait l'objet d'une perquisition. Or, par le biais du *Journal de Montréal*, on a appris que, non seulement il continuait tout de même à toucher son salaire, mais qu'il était représenté par nul autre que Me Mark Paci, l'avocat de RJR-Macdonald.

Selon la GRC, la personne qui dirigeait réellement ce réseau de contrebandiers était John Gareau, un homme d'affaires de Kirkland, sur l'île de Montréal. Les cigarettes du réseau de Gareau, qui provenaient d'usines montréalaises, étaient acheminées à des entrepôts sous douane, situés dans des zones franches en Floride et au Michigan, pour être soi-disant destinées à l'exportation vers l'Europe et les Antilles. Ces cigarettes étaient en fait transportées vers des entrepôts de l'État de New York. Finalement, elles étaient transférées à Akwesasne par des « passeurs » américains.

Dans toutes ces affaires et plusieurs autres[43], il fut démontré que les contrebandiers avaient inévitablement des relations très étroites avec les compagnies de tabac, des rapports tellement serrés qu'on pourrait facilement prétendre à une connivence. Toutefois et de façon surprenante, aucune accusation n'était portée contre les cigarettiers qui s'en tiraient encore haut la main.

***

La plus importante fraude jamais commise par une entreprise

La GRC a reconnu que, de toute l'histoire des affaires au Canada, la contrebande de tabac constitue la plus importante fraude jamais commise par une entreprise, que l'on suppose être les cigarettiers canadiens qui ont conspiré dans cette activité. L'ex-premier ministre Jean Chrétien a même affirmé à la Chambre des communes que les fabricants canadiens « ont profité directement de ce commerce illégal » et qu'ils « savaient pertinemment » ce qui se passait.

Il était donc important de traduire ces compagnies en justice pour leur supposée implication dans la contrebande et pour évasion fiscale relativement aux milliards de dollars de taxes qu'elles ont fait perdre au gouvernement du Canada et aux provinces.

Un prélude : accusation portée par le gouvernement américain contre la Northern Brands International

La première accusation d'évasion fiscale a été portée contre la Northern Brands International (« NBI ») par le gouvernement américain. Rappelons-le, la NBI est une filiale du cigarettier R.J. Reynolds et elle avait été constituée en 1992 pour faciliter la soi-disant exportation des cigarettes canadiennes vers les États-Unis. Le 22 décembre 1998, la NBI a écopé d'une amende ridicule de 15 millions de dollars américains après avoir reconnu sa culpabilité relativement à 26 livraisons de cigarettes Export « A » hors taxes vendues à deux compagnies de façade, LBL Importing et Baltic Imports. Les intervenants dans la transaction prétendaient qu'il s'agissait de cigarettes destinées au marché russe et estonien.

Même s'il s'agissait d'un procès américain, il semait un doute important sur l'efficacité de nos enquêteurs canadiens dans ce dossier qui n'avaient pas encore réussi à prendre position. La question du jour était donc devenue : « Quand aura lieu un procès au Canada contre les compagnies de tabac? ».

Action intentée par le gouvernement canadien aux États-Unis contre RJR-Macdonald et le conseil canadien des fabricants de produits du tabac

Le gouvernement canadien devait donc agir et il concentra ses efforts sur la RJR-Macdonald. Il déposait donc le 21 décembre 1999 à la Cour fédérale des États-Unis une action d'un milliard de dollars contre les firmes RJR-Macdonald Inc. et RJ Reynolds Tobacco Holdings Inc., plusieurs sociétés affiliées et le conseil canadien des fabricants de produits du tabac.

Le gouvernement alléguait que les défendeurs avaient comploté dans la contrebande de cigarettes portant ainsi atteinte aux politiques du Canada en matière d'anti-tabagisme. Le Canada soutenait aussi qu'il avait subi des dommages de plus d'un milliard de dollars, notamment en pertes de recettes fiscales et il demandait donc d'obtenir réparation pour les dommages qu'il avait subis.

Le Canada intenta ce procès aux États-Unis en vertu de la loi fédérale connue sous le nom de *Racketeer Influenced and Corrupt Organizations Act* (« RICO »), que l'on peut traduire comme étant la loi sur l'escroquerie et la corruption. Il alléguait que les défendeurs avaient enfreint les lois américaines sur les manœuvres frauduleuses en complotant pour frauder le Canada au moyen d'un plan international de contrebande. Il semblait préférable d'intenter cette action en sol américain puisque la plupart des défendeurs y résidaient, une grande partie des activités illégales y étaient réalisées et que plusieurs témoins et documents s'y trouvaient.

Dans le cadre de cette action, le gouvernement fédéral déclarait dans un communiqué résumant la cause, qu'à l'époque « le Canada savait que la contrebande se pratiquait le long de sa frontière, mais il n'était pas au courant de la participation des défendeurs dans cette pratique »[44]. Corrigez-moi si je me trompe mais cette déclaration n'est-elle pas contradictoire avec le motif même de la taxe à l'exportation de 8 $ la cartouche que le gouvernement canadien avait tenté d'imposer aux compagnies de tabac, incluant les défendeurs, en 1992?

Quoi qu'il en soit, le 30 juin 2000, le juge fédéral Thomas McAvoy rejetta la poursuite canadienne sur un point de droit. Il citait ainsi une règle vieille du 18e siècle qui permet à un tribunal américain de refuser d'aider une puissance étrangère à appliquer ses lois fiscales. Face à cette décision, le gouvernement canadien expliquait dans un communiqué du 28 juillet 2000[45] qu'il ne cherchait pas à faire exécuter les lois fiscales canadiennes par les tribunaux américains mais plutôt de faire respecter les lois américaines que les défendeurs ont enfreint en participant à des manœuvres frauduleuses. C'est ainsi que, dans le même communiqué, le ministère de la Justice du Canada annonçait qu'il devait en appeler de la décision.

Pour résumer cet épisode, disons simplement que le Canada a été débouté en Cour suprême américaine le 4 novembre 2002. La Cour conclut sur le même point de droit que celui qui fut soulevé initialement en 2000 par le juge Thomas McAvoy. L'avocat canadien au dossier, Me Gordon Bourgard soulevait alors la possibilité que le fédéral amène les compagnies de tabac devant les tribunaux canadiens.

On nous informait en mai 2000 qu'en seulement 4 mois, Ottawa avait dépensé en frais légaux près de 4 millions de dollars dans cette poursuite intentée aux États-Unis, bataille juridique qui aura duré près de 3 ans et qui n'a absolument rien rapporté aux contribuables canadiens [46]. Imaginons le total de la facture...

Accusations criminelles portées par le gouvernement canadien contre RJR-Macdonald et plusieurs intervenants liés à la contrebande

Cette affaire a débuté le 26 juin 1998, alors qu'on apprenait que RJR faisait l'objet d'une enquête de la GRC relativement à la contrebande de cigarettes. *La Presse* rapportait, le 17 avril 1999, que RJR-Macdonald et le gouvernement canadien discutaient d'un accord aux termes duquel la société verserait des amendes de 150 millions de dollars. Les négociations ayant échoué, Axel Geitz, vice-président de R.J. Reynolds International Tobacco, la société mère de RJR-Macdonald, confirma que la GRC avait perquisitionné les bureaux de RJR-Macdonald à Toronto ainsi que son usine de Montréal.

Le 28 février 2003, au terme d'une enquête criminelle de quatre ans et demi, la GRC a déposé des accusations criminelles contre JTI-Macdonald Corp. (anciennement RJR-Macdonald inc.), certaines de ses filiales et plusieurs de ses cadres supérieurs. Plus précisément, les accusés sont :

1. JTI-MACDONALD CORP., (Ontario).
2. R.J. REYNOLDS TOBACCO CO., (Delaware) É.-U.
3. R.J. REYNOLDS TOBACCO INTERNATIONAL INC., (Delaware) É.-U.
4. NORTHERN BRANDS INTERNATIONAL, INC., (Delaware) É.-U.

5. EDWARD LANG, (Floride) - ancien membre du conseil d'administration de RJR-Macdonald Inc. et premier vice-président de la production chez R.J. Reynolds Tobacco.

6. DALE SISEL, (Wyoming) - ancien président et chef de la direction de R.J. Reynolds Tobacco International Inc.

7. JAAP UITTENBOGAARD, (Floride) - ancien directeur financier et vice-président aux finances de R.J. Reynolds Tobacco International Inc. et ancien directeur de Northern Brands International Inc.

8. PIERRE BRUNELLE, (Suisse) - ancien président et chef de la direction de RJR-Macdonald Inc. et ancien membre du conseil d'administration de RJR- Macdonald Inc.

9. PAUL NEUMANN, (Suisse) - ancien vice-président aux finances de RJR-Macdonald Inc. et employé actuel de Japan Tobacco International, Genève.

10. ROLAND KOSTANTOS, (Suisse) - ancien directeur financier de R.J. Reynolds Tobacco International Inc. et ancien vice-président aux finances, directeur financier et vice-président aux finances et à l'administration de RJR-Macdonald Inc. M. Kostantos est actuellement un employé de Japan Tobacco International, à Genève.

11. STANLEY SMITH, (Colombie-Britannique) - ancien vice-président des ventes (Canada) de RJR-Macdonald.

12. PETER MACGREGOR, (Georgie) - ancien chef des finances et de l'administration de Northern Brands International Inc.

La GRC prétend que les accusés ont comploté pour commettre une **fraude** et pour faire le **trafic de cigarettes** en se soustrayant à des droits et taxes d'accise fédéraux et à des taxes provinciales sur le tabac aux dépends des gouvernements du Canada, de l'Ontario et du Québec.

Par conséquent, elle allègue que les revenus de RJR-Macdonald Inc., provenant de la vente de cigarettes canadiennes aux États-Unis, entre 1991 et 1996, provenaient de cette activité frauduleuse et constituaient donc des produits de la criminalité.

La GRC explique que les accusés ont approvisionné le trafic de cigarettes en facilitant délibérément l'entrée de cigarettes au Canada par l'intermédiaire d'une société affiliée située aux États-Unis et de tiers dans les Caraïbes.

L'inspecteur Robert Davis, officier responsable de la Section des délits commerciaux de la Région du Grand Toronto de la GRC, déclarait ainsi que *« nous payons pour les pertes de recettes qui auraient dû financer nos programmes sociaux visant à soutenir nos aînés, instruire nos enfants et s'occuper des malades et des personnes moins fortunées »*[47].

JT International, la société mère de JTI-Macdonald Corp, nia catégoriquement ces accusations criminelles et déclara qu'elle soutenait ses employés accusés injustement. Elle expliqua que cette démarche de la GRC s'appuyait sur de faux témoignages de criminels et qu'elle était soutenue par des groupes antitabac.

Néanmoins, et tel que déjà précisé, ces accusations de la GRC étant de nature criminelle, elles ne pourront donc pas permettre au gouvernement de récupérer les milliards perdus. Une intervention des autorités fiscales et des poursuites judiciaires au civil étaient donc grandement attendues dans ce dossier.

***

Poursuites judiciaires intentées devant les tribunaux civils par le gouvernement canadien contre RJR-Macdonald et plusieurs intervenants liés à la contrebande

D'abord et avant tout, précisons que c'est par cette poursuite au civil que le gouvernement canadien pourra récupérer les milliards de dollars que lui doivent les compagnies de tabac au fisc . Cette poursuite est donc importante, très importante.

Toutefois et de façon surprenante, l'ex-ministre de la Justice, Martin Cauchon et sa collègue Elinor Caplan, alors ministre du Revenu, ont manifesté beaucoup d'hésitation avant d'entamer cette poursuite et ils ont même attendu jusqu'à la dernière minute pour le faire. C'est à se demander quelle aurait été leur décision si les groupes antitabac, les associations médicales et les groupes religieux n'avaient pas fait autant de pression pour forcer le gouvernement à aller récupérer les milliards fraudés.

Mais enfin, c'est le 13 août 2003 que le gouvernement fédéral annonçait qu'il intentait une action au niveau civil contre R.J. Reynolds Tobacco Holdings Inc., R.J. Reynolds Tobacco Co., R.J. Reynolds Tobacco International Inc., JTI-Macdonald Corp., Northern Brands International Inc., Japan Tobacco Inc., JT International SA, JTI-Macdonald TM Corp., JT Canada LLC II Inc., JT Canada LLC Inc., JT International Holding B.V., JT International B.V, et JT International (BVI) Canada Inc. Il s'agit donc de sociétés qui toutes font partie soit du groupe R.J. Reynolds, soit de Japan Tobacco.

Dans sa poursuite, le gouvernement du Canada allègue que ces compagnies de tabac avaient participé à un stratagème permettant d'obtenir des profits illicites tirés de la contrebande de produits du tabac, ce qui a entraîné une perte importante de revenus pour le gouvernement du Canada.

Le gouvernement du Canada cherche à obliger les compagnies en cause à remettre les profits tirés de leurs actes et à payer des dommages-intérêts. Le montant en cause est estimé à 1,5 milliard de dollars. La poursuite a été déposée auprès de la Cour supérieure de l'Ontario à Toronto.

***

La contrebande de cigarettes en 2004

Les fumeurs du Québec ont eu droit à une hausse graduelle des taxes depuis 2001. Le prix du paquet de 25 cigarettes varie maintenant entre 8 $ et 9 $ au Québec, soit, en tenant compte de l'inflation, le prix en vigueur en 1993,[48] au plus fort de la contrebande. On serait donc porté à s'attendre au retour de la contrebande qui serait provoqué par cette taxation dissuasive.

Malgré cette hausse des taxes, la contrebande ne semble toutefois pas avoir pris beaucoup d'importance. Cette situation, paradoxale à première vue, s'explique principalement par le fait que le prix des cigarettes est généralement aussi élevé aux États-Unis et dans le reste du Canada et aussi parce que les exportations des compagnies de tabac canadiennes sont maintenant assujetties à de lourdes taxes ce qui empêche la contrebande de redémarrer.

Contrairement aux années '90, la contrebande canadienne n'est donc plus alimentée par les cigarettiers. En conséquence, elle est plus restreinte et elle peut être mieux contrôlée par les forces policières. En outre, l'augmentation du prix des cigarettes a incité plusieurs fumeurs à se tourner vers les marques moins coûteuses proposées normalement par les petits fabricants. D'ailleurs, constatant l'expansion du marché des marques économiques, certains cigarettiers dont

Rothmans et Benson & Hedges (RBH) ont mis en marché des marques moins dispendieuses.

Selon le Service canadien de renseignements criminels, la contrebande actuelle provient donc surtout de tabac produit *« par des fabricants autochtones illicites ou ce sont des produits de marques américaines bon marché ou d'autres produits étrangers provenant d'Amérique du Sud, d'Asie et du Moyen-Orient. Au Canada, on trouve des cigarettes de contrefaçon, surtout de marque Phillip Morris Marlboro, qui semblent provenir de Chine, en contrebande[49] ».*

Nos gouvernements ont poussé les citoyens vers contrebande

On peut certainement conclure que la politique fiscale de nos gouvernements durant les années 1990 à l'égard du tabac n'a pas été un grand succès. Il est en outre évident que les grandes compagnies de tabac sont effectivement la « Face cachée » de la contrebande de cigarettes des années 1990. Elles ont alimenté le réseau du début à la fin. Dans toute cette saga, nos gouvernements ont perdu des milliards de dollars au nom d'une supposée lutte au tabagisme et je vois toujours des fumeurs au pays et parmi eux, beaucoup de jeunes.

Une question demeure : comment comprendre que des personnes intelligentes ont imposé aux fumeurs des cigarettes à 48 $ la cartouche au début des années 1990, alors qu'elles se vendaient 22 $ aux États-Unis et que les compagnies de tabac canadiennes pouvaient les exporter « hors taxes »? C'était logique et il fallait s'y attendre, nos gouvernements ont poussé les citoyens vers la contrebande. Après avoir réalisé leur erreur, ils ont travaillé à défaire le problème pendant plusieurs années et nous voilà en 2004, revenus au point de départ. D'ailleurs, les événements survenus à Kanesatake en janvier 2004 portent à croire que la contrebande de cigarettes renaît de ses cendres.

***

Faut-il le rappeler, la GRC a qualifié les fraudes des compagnies de tabac comme étant les plus importantes dans l'histoire du Canada.

Les cigarettes de marque Export «A» n'étaient pas les seules disponibles sur le marché de la contrebande et il y avait d'autres compagnies impliquées dans le réseau, tel que mentionné à quelques reprises dans ce chapitre. On était donc en droit de s'attendre à ce que les gouvernements entreprennent des poursuites judiciaires contre les autres grands cigarettiers... Or, le 12 janvier 2004, le gouvernement du Québec entrait à son tour dans la bataille. En effet, le ministère du Revenu du Québec annonçait son intention d'utiliser toutes les lois disponibles pour récupérer les recettes fiscales que lui doivent les compagnies de tabac.

Chapitre 8

COMMENT LES CRIMINELS S'EN TIRENT AVEC L'IMPÔT

– Un outil de guerre pour les criminels de l'impôt – Les criminels ont l'obligation de tout déclarer! – Privilèges accordés aux grands délinquants – Processus de cotisation – Comment ne pas répondre à l'impôt – Comment les présumés criminels réussissent-ils à échapper aux vérifications fiscales? – Comment faire casser une demande péremptoire en invoquant l'article 8 de la Charte… – …et en invoquant l'article 7 de la Chartre? – Une impasse pour le fisc – Comment le fisc peut-il arriver à ses fins? – Quelques cas célèbres au Canada – L'affaire Tyler – L'affaire Harris – L'affaire Caswell – L'affaire Lin – Criminels et immunisés contre le fisc – Honnête citoyen et victime du fisc – Il était une fois aux États-Unis : L'Affaire Capone – Le fisc canadien a les mains liées – L'Affaire Jarvis – L'argent du crime abonde.

Le présent chapitre décrit comment les gangsters et autres criminels réussissent à surfer sur le système fiscal. Vous prendrez connaissance de faits vécus au Canada où des trafiquants de drogue ont réussi à contourner le fisc. Le traitement privilégié, qu'en vertu de la loi le système fiscal accorde ainsi à ces criminels, en étonnera plusieurs. Vous apprendrez qu'il fut un temps où l'État avait, par l'entremise de sa fiscalité, un certain contrôle sur les criminels, mais que ce temps est révolu. Par exemple, aux États-Unis, le cas emblématique d'Al Capone qui a fait la fierté du fisc américain, serait impossible à rééditer de nos jours.

Un outil de guerre pour les criminels de l'impôt

La Charte des droits et libertés est devenue un outil de guerre accessible même pour les criminels de l'impôt. En effet, au cours des dernières années, de présumés criminels ont invoqué la Charte des droits et libertés et ont obtenu un traitement de faveur de la part des autorités fiscales. Bien souvent, ce sont des citoyens accusés de trafic de drogue qui contournent le fisc en démontrant que les obligations fiscales qui leur sont imposées risqueraient de les auto-incriminer.

Cette manipulation fiscale de haute voltige constitue une souplesse inacceptable de la part de nos gouvernements. Cette « souplesse » fiscale est accordée aux soi-disant criminels alors que les contribuables honnêtes sont aux prises avec un système rigide et une surtaxation.

Les criminels ont l'obligation de tout déclarer!

Précisons premièrement que les criminels dont il est question ici sont ceux qui ont des problèmes sur deux fronts : d'une part, ils font l'objet d'accusations au criminel (trafic de drogues, prostitution ou autres), et d'autre part, ils sont soupçonnés d'évasion fiscale. Il n'est pas nécessaire de faire une étude sociale approfondie pour constater que les deux vont de paire puisqu'un citoyen ayant des revenus de sources illégales en fait rarement, voire jamais, état dans sa déclaration d'impôt...

Ces présumés criminels ont pourtant des obligations fiscales comme vous et moi, mais ils profitent aussi de privilèges à l'égard du fisc. Concernant leurs obligations, il est important de savoir qu'ils doivent déclarer tous leurs revenus incluant ceux de source illégale. Certains ont tout de même prétendu dans le passé qu'ils n'avaient pas à payer d'impôts sur ces revenus parce que ce faisant, ils risqueraient de s'auto-incriminer. Ce qui serait contraire aux droits prévus à la Charte des droits et libertés qui assure le droit à la liberté des citoyens canadiens et qui les protège donc contre l'auto-incrimination.

Pourtant, aux États-Unis, la Cour suprême ordonna à Manny Sullivan, contrebandier de son état, de produire une déclaration de ses revenus provenant de la contrebande et de payer ses taxes. Le fait qu'une telle déclaration amenait la personne à s'incriminer n'était nullement anticonstitutionnel. Or, le même principe s'applique au Canada. Donc, tout comme les autres contribuables canadiens, ceux gagnant des revenus de sources illégales doivent payer des impôts sur ces revenus et donc, doivent les déclarer.

Privilèges accordés aux grands délinquants

Processus de cotisation
Notons d'abord que les lois fiscales canadiennes sont fondées sur le principe de l'auto-déclaration et de l'auto-cotisation. Par conséquent, chaque contribuable est responsable de la préparation de sa déclaration de revenus, et le bon fonctionnement du système dépend principalement de l'honnêteté des citoyens.

Évidemment, lorsqu'on fait affaire avec une catégorie de contribuables qui fraudent le système, les règles du jeu changent. Il devient alors important de munir les autorités fiscales des pouvoirs nécessaires pour les confronter, incluant des pouvoirs importants de vérification des déclarations de revenus et d'examen de documents sous-jacents.

Dans le cas particulier des criminels, leurs registres comptables et les documents disponibles sont rarement fiables pour établir le revenu réel du contribuable et établir le fondement d'une cotisation. Le fisc doit donc avoir recours à une méthode alternative consistant à l'évaluation de l'« avoir net » du contribuable. Cette méthode vise essentiellement à déterminer son revenu en comparant l'augmentation de son avoir net durant une année. Une telle analyse nécessite une recherche importante d'informations (compte de banque, immeubles, coût de la vie, voyage, restaurants…) qui doivent provenir principalement du contribuable lui-même.

Comment ne pas répondre à l'impôt

Pour obtenir les informations, le fisc peut avoir recours à son pouvoir de vérification. Cependant, lorsque les autorités désirent cotiser par « avoir net » un contribuable soupçonné de « revenus non déclarés », elles procèdent habituellement par l'émission de demandes de renseignements additionnels, communément appelées une « demande péremptoire ». Évidemment, les criminels ne se laissent pas faire et ils ont développé divers moyens de défense face au fisc et des arguments qui s'appuient sur les articles 7 et 8 de la Charte des droits et libertés qui se lisent comme suit :

Article 7 :
« Chacun a un droit à la vie, à la liberté et à la sécurité de sa personne; il ne peut être porté atteinte à ce droit qu'en conformité avec les principes de justice fondamentale ».

Article 8 :
« Chacun a droit à la protection contre les fouilles, les perquisitions ou les saisies abusives ».

Dans un premier temps, notons que les articles 7 et 8 font référence à une protection lorsqu'un individu est impliqué avec la justice. Les personnes accusées d'un acte criminel sont donc visées dans ces articles. On leur assure ainsi un traitement équitable.

À l'article 7, on s'assure que les Canadiens ont le droit à la vie, à la liberté et à la sécurité. En conséquence, les gouvernements doivent respecter certains principes fondamentaux de justice lorsqu'ils font des gestes qui pourraient entamer ces droits. En ce qui concerne les questions que je soulève, on invoquera le droit à la liberté des contribuables accusés au criminel puisque ceux-ci risquent effectivement de la perdre s'ils sont reconnus coupables. Dans de telles situations, le gouvernement doit donc s'assurer que les procédures entamées n'obligent pas le contribuable à s'auto-incriminer. De son côté, le contribuable a le droit de décider de parler aux autorités fiscales ou de garder le silence.

Quant à l'article 8, il oblige les personnes chargées d'appliquer la loi à agir de manière raisonnable et équitable dans le cadre de leurs enquêtes criminelles. Elles ne peuvent donc pas entrer dans une propriété privée ou prendre quelque chose entre les mains de quelqu'un à moins de pouvoir démontrer qu'elles ont des motifs valables pour le faire et généralement, elles doivent avoir en main un mandat de perquisition émis par un juge.

Comment les présumés criminels réussissent-ils à échapper aux vérifications fiscales?

Lorsqu'on fait affaire avec un présumé criminel, une simple vérification fiscale est souvent impossible parce qu'elle est considérée comme une perquisition et une saisie abusive aux termes de l'article 8 de la Charte. De plus, une violation du droit au silence protégé à l'article 7 de la Charte et donc, totalement anticonstitutionnelle, pourrait être invoquée. Des droits que plusieurs contribuables honnêtes souhaiteraient avoir lorsqu'ils sont aux prises avec les vérificateurs d'impôts zélés qui vérifient chaque point et virgule.

Comment les criminels réussissent-ils à échapper aux demandes péremptoires?

Rappelons-le, la demande péremptoire est le moyen qu'utilise le fisc pour obtenir certaines informations importantes du contribuable dans le processus d'un avoir net. Dans l'éventail de moyens mis à la disposition des autorités fiscales en matière d'enquête et d'obtention de renseignements, cette demande est la première mesure « musclée ». Les contribuables qui ne s'y conforment pas sont sujets à des sanctions importantes dont une amende pouvant atteindre 25 000 $ à laquelle pourrait être assorti un emprisonnement maximal de 12 mois.

Il va sans dire que les criminels tenteront par tous les moyens de ne pas se conformer aux demandes péremptoires parce qu'il est évident qu'une cotisation fiscale en résulterait, qu'elle risquerait d'être corsée et qu'ils s'exposeraient souvent à une accusation d'évasion fiscale. Ainsi, lorsqu'ils font face à une demande péremptoire, un certain nombre de criminels tentent de s'en sortir en s'appuyant sur les articles 7 et 8 de la Charte des droits et libertés, une tactique qui fonctionne au Canada.

Comment faire casser une demande péremptoire en invoquant l'article 8 de la Charte...

La question est maintenant de savoir si la demande péremptoire destinée à un soi-disant criminel constitue une saisie abusive violant l'article 8 de la Charte. Cette question a été débattue en Cour suprême du Canada à deux reprises soit dans l'affaire McKinlay Transport Limited[50] et dans l'affaire Colarusso[51].

Pour ce qui est de l'affaire McKinlay Transport Limited, la Cour confirmait que les règles fiscales prévoyant la demande péremptoire n'étaient pas contraires à l'article 8 de la Charte, principalement parce qu'il s'agissait d'une disposition visant à assurer l'administration et le respect de la loi et non d'une mesure à caractère criminel ou quasi criminel. Cependant, la décision rendue dans l'affaire Colarusso pourrait supporter le contraire, à savoir qu'une demande péremptoire constituerait une saisie abusive au sens de l'article 8 de la Charte dans le cas où le fisc en ferait la demande dans le but de démontrer que le contribuable est coupable d'évasion fiscale.

Sur cette base, il en résulte donc que les contribuables, ayant une poursuite pénale au bout du nez, pourraient effectivement tenter de s'en remettre à l'article 8 de la Charte pour refuser de répondre à une demande péremptoire.

...et en invoquant l'article 7 de la Charte?

Précisons d'abord qu'il est clairement établi que le droit au silence protégé par l'article 7 de la Charte trouve application non seulement au procès de l'accusé mais également au moment de son enquête. Ainsi, une personne sous enquête peut refuser de communiquer tout renseignement ou même de répondre aux questions en invoquant son droit au silence.

La question fondamentale est donc de déterminer si ce droit au silence peut être invoqué par un soi-disant criminel pour refuser de répondre à une demande péremptoire qui serait émise dans le but de recueillir des éléments de preuves visant à démontrer qu'il est coupable d'évasion fiscale? La réponse à cette question dépend essentiellement des documents (déclarations de revenus, bilans ou autres) existant déjà au moment de l'émission de la demande péremptoire et de ceux qui n'existaient pas en tant que tel. Les paragraphes suivants précisent cet aspect concernant l'émission desdits documents.

Documents déjà existants au moment de l'émission de la demande :

Les divers arrêts de jurisprudence sur la question démontrent que le droit au silence ne peut pas être invoqué afin de justifier le refus d'un contribuable de fournir des documents exigés en vertu d'une demande péremptoire lorsque les documents demandés existaient déjà lors de l'émission de la demande, nonobstant l'objectif même des demandes péremptoires. Cependant, tel que déjà expliqué, une telle demande pourrait constituer une saisie abusive au sens de l'article 8 de la Charte et le contribuable pourrait s'opposer à l'utilisation dans le cadre d'un procès pour évasion fiscale des documents transmis aux termes de ladite demande péremptoire. On peut facilement conclure qu'advenant l'impossibilité d'utiliser l'article 7, le présumé criminel peut recourir à l'article 8.

Documents n'existant pas au moment de l'émission de la demande :

Notons d'abord que par la nature même de ces documents, ils ne peuvent pas être saisis ou perquisitionnés puisqu'ils n'existent pas! Le fisc doit donc disposer des moyens nécessaires pour forcer les présumés criminels à produire certains documents parce qu'il s'agit de la base même des cotisations du genre « avoir net ».

En ce qui a trait aux documents dont la production serait forcée par une demande péremptoire, le soi-disant criminel pourrait effectivement refuser de s'y soumettre en invoquant son droit au silence lorsque la démarche du fisc vise à l'incriminer. En d'autres termes, il est bien clair que dans les affaires de nature criminelle, le droit au silence peut être invoqué suite à la réception d'une demande péremptoire.

Une impasse pour le fisc

En conclusion, les autorités fiscales se retrouvent souvent dans une impasse lorsqu'il s'agit de cotiser un présumé criminel. Ce dernier n'a qu'à invoquer la Charte des droits et libertés pour réussir à affaiblir les pouvoirs de vérification, d'enquête et d'émission de demandes péremptoires du fisc. Les autorités fiscales doivent donc travailler dans un contexte légal très complexe et avec des moyens restreints pour s'assurer du respect des lois fiscales lorsqu'elles font affaire avec un « hors-la-loi ».

Comment le fisc peut-il arriver à ses fins?

Mais, comment le fisc peut-il arriver à ses fins? Dans le cas des criminels, il n'a normalement d'autres choix que de procéder par le biais de mandats de perquisition. Cependant, il est bien évident que les contribuables qui sont dans des situations semblables se sont préparés à l'arrivée du fisc et de la Gendarmerie royale du Canada et que les documents que ces derniers réussiront à perquisitionner seront très peu concluants pour permettre l'émission d'un avis de cotisation.

Ce sont finalement et paradoxalement les autorités fiscales qui se retrouvent les mains liées lorsqu'il s'agit de coincer les criminels. Il est devenu d'ailleurs pratiquement inutile d'entreprendre à leur égard une bataille fiscale.

Quelques cas célèbres au Canada

Pour mieux comprendre la situation et la problématique qui en découle, il est nécessaire d'analyser des cas célèbres au Canada où des présumés criminels ont réussi à contourner le fisc en ayant recours à la Charte des droits et libertés. Les décisions rendues par les tribunaux dans les affaires Tyler c. MRN[52], La Reine c. Harris[53], La Reine c. Caswell[54] et La Reine c. Lin[55] portent précisément sur l'application du droit au silence dans le cadre de demandes péremptoires. Nous examinerons brièvement chacune de ces décisions.

L'affaire Tyler (Ontario) : requête de l'Agence rejetée

Dans l'affaire Tyler, le contribuable avait fait l'objet d'accusations au criminel pour possession et trafic de drogues. Ces accusations avaient été déposées au cours du mois de juillet 1987. Aussi invraisemblable que cela puisse paraître, l'Agence des douanes et du revenu a pris connaissance de ce dossier par un article de journal daté du 4 septembre 1987. L'Agence entreprit une enquête visant à déterminer si ce contribuable avait déclaré la totalité de ses revenus au cours des années d'imposition 1983 à 1986. Pour ce faire, elle révisa les déclarations de revenus antérieures du contribuable de même que certains des documents saisis par la Gendarmerie royale du Canada dans le cadre de son enquête criminelle. Désirant obtenir plus d'informations, l'Agence expédia au contribuable sept demandes péremptoires aux termes desquelles elle demandait, entre autres, des déclarations écrites établissant le coût de la vie, de même que les actifs et les passifs du contribuable pour ces années d'imposition. Le contribuable, désireux de ne pas fournir de l'information qui pourrait être utilisée contre lui dans le cadre de la poursuite criminelle, déposa une requête devant la Cour fédérale, visant à empêcher l'Agence d'exiger la fourniture de ces

126

renseignements, demande qui fut refusée par la Cour au contribuable. Celui-ci porta l'affaire en appel et le juge Stone de la Cour d'appel fédérale conclut que, dans les circonstances, la communication aux autorités fiscales des renseignements exigés aux termes des demandes péremptoires constituerait une violation du droit au silence du contribuable protégé par l'article 7 de la Charte, tant et aussi longtemps que les accusations de possession et de trafic de drogues demeureraient en vigueur. La conclusion du juge Stone s'appuya, entre autres, sur le fait que les accusations de possession et de trafic de drogues avaient été déposées avant l'émission des demandes péremptoires.

Par conséquent, le juge Stone émit une ordonnance visant à empêcher l'Agence de transmettre à la Gendarmerie royale du Canada les renseignements transmis par le contribuable en réponse aux demandes péremptoires, tant et aussi longtemps que des accusations criminelles pèseraient contre le contribuable.

L'affaire Harris (Colombie-Britannique) : requête de l'Agence rejetée

Les faits de l'affaire Harris sont quelque peu similaires à ceux du « contribuable » Tyler. Harris avait été arrêté pour trafic de drogues au cours du mois de janvier 1990. Il fut cependant acquitté des charges pesant contre lui le 10 mai 1990 sous prétexte que les diverses perquisitions effectuées par la police, y compris une perquisition ayant mené à la saisie d'un montant de 125 000 $, étaient illégales en regard de la Charte et que les éléments de preuve ainsi recueillis étaient inadmissibles en preuve.

Le fisc a fait son entrée dans ce dossier le 27 janvier 1990, alors qu'un agent de la division des enquêtes spéciales eut vent, encore une fois par le biais des journaux, de la saisie du montant de 125 000 $. L'Agence et la GRC ont procédé à des échanges d'informations relativement à ce dossier durant l'année 1990. Finalement, l'enquêteur de la division des enquêtes spéciales transmit au contribuable huit demandes péremptoires. Évidemment, le contribuable a refusé de donner suite à ces demandes.

L'affaire a été portée devant la Cour suprême de la Colombie-Britannique. Le juge Oliver conclut que l'enquête menée par la division des enquêtes spéciales de l'Agence s'appuyait principalement sur les renseignements obtenus de la GRC, lesquels renseignements ayant été obtenus illégalement et en violation du droit au silence du contribuable et qu'elle constituait une enquête de nature quasi criminelle ou criminelle. Selon le juge Oliver, n'eut été de ces éléments de preuve obtenus illégalement par la GRC, il n'y aurait pas eu d'enquête de la part de l'Agence, non plus que d'émission de demandes péremptoires. Par conséquent, le juge Oliver ordonna la suspension des procédures intentées par l'Agence contre monsieur Harris.

L'affaire Caswell (Colombie-Britannique) : requête de l'Agence rejetée

Dans l'affaire Caswell, la division des enquêtes spéciales de l'Agence avait été informée par la Gendarmerie royale du Canada que la contribuable avait fait des acquisitions substantielles difficilement conciliables avec ses faibles revenus déclarés, qu'elle-même ainsi que son époux avaient été identifiés comme étant en possession de produits de la criminalité et que, pour sa part, l'époux faisait face à des accusations de recel.

Sur la base de cette information, l'Agence débuta une enquête visant à déterminer si la contribuable avait déclaré la totalité de ses revenus au cours des années couvrant la période allant de 1988 à 1991. À la suite d'une rencontre avec l'enquêteur de la division des enquêtes spéciales de l'Agence, la contribuable, par l'entremise de son procureur, transmit une déclaration énonçant les biens acquis par elle, de même que ses revenus pour les années 1988 à 1991. Désirant obtenir plus d'informations, l'Agence émit des demandes péremptoires.

Évidemment, la contribuable refusa de transmettre les renseignements exigés aux termes de ces demandes. L'affaire a été portée devant la Cour provinciale de la Colombie-Britannique qui ordonna la suspension des procédures parce que la contribuable était en droit d'invoquer le droit au silence protégé par l'article 7 de la Charte. En effet, le juge Doherty conclut que la contribuable et son époux faisaient l'objet d'enquêtes sur deux fronts, soit par la division des crimes économiques de la Gendarmerie royale du Canada et par la division des enquêtes spéciales de l'Agence. La preuve révéla que les autorités fiscales et la Gendarmerie royale du Canada agissaient de concert et que toute information éventuellement recueillie par l'Agence aurait été utilisée par la Gendarmerie royale du Canada dans le cadre d'éventuelles accusations au criminel.

L'affaire Lin (Colombie-Britannique) : requête de l'Agence rejetée

Dans l'affaire Lin, le contribuable avait aussi omis de se conformer à une demande péremptoire. Au cours de l'année 1991, l'entreprise de consultation en immigration du contribuable fit l'objet d'une enquête au criminel visant à déterminer si le contribuable avait reçu et versé des pots-de-vin. Voici le calendrier des faits dans le dossier :

> Été 1992 :
> La Gendarmerie royale du Canada informa la division des enquêtes spéciales de l'Agence de l'enquête criminelle en cours.
> Octobre 1992 :
> La Gendarmerie royale du Canada informa la division des enquêtes spéciales de l'Agence de son intention de procéder à l'arrestation du contribuable et de l'existence de revenus non déclarés par ce dernier.
> Novembre 1992 :
> Le contribuable fut arrêté et diverses perquisitions furent effectuées. Des accusations criminelles furent par la suite déposées contre le contribuable.
> 27 octobre 1993 :
> Une suspension des procédures mit cependant fin au procès criminel du contribuable.
> Décembre 1996 :
> Émission des demandes péremptoires.

Compte tenu de la collaboration étroite entre les autorités fiscales et la Gendarmerie royale du Canada, le juge Boyd de la Cour suprême de la Colombie-Britannique conclut que les demandes péremptoires avaient été émises dans le cadre d'une enquête de nature criminelle et que, par conséquent, le contribuable était en droit d'invoquer le droit au silence protégé par l'article 7 de la Charte.

Criminels et immunisés contre le fisc

Les décisions rendues dans les affaires Tyler, Harris, Caswell et Lin démontrent clairement que lorsque que le fisc se présente le bout du nez, les contribuables qui font déjà l'objet d'une enquête de nature criminelle sont pratiquement immunisés. Quels que soient les objectifs visés par les autorités fiscales, leur pouvoir est restreint face aux présumés criminels, ceux-ci ayant tous les droits de la Charte de leur côté, aussi étonnant que ça puisse paraître.

À la lumière des cas soulevés, on comprend qu'un présumé criminel puisse aisément contourner les démarches que pourraient entreprendre les autorités fiscales pour le cotiser. Face à une vérification fiscale et à une demande péremptoire de production de documents déjà existants, il n'a qu'à invoquer son droit le protégeant des saisies abusives et s'il reçoit une demande péremptoire de production de documents n'existant pas, il n'a qu'à invoquer son droit au silence.

Cette situation me laisse croire que les droits des criminels sont devenus plus importants que ceux des honnêtes citoyens qui, encore une fois, assument la charge fiscale d'une classe privilégiée de contribuables. Qu'en est-il des droits et de la liberté des honnêtes citoyens? Comment doit-on leur expliquer que la situation est injuste pour eux, mais qu'il s'agit du prix à payer pour protéger les droits des criminels?

***

Honnête citoyen et victime du fisc

Voici, dans un tout autre univers, le cas du Dr William Young[56], un honnête citoyen qui, lui, n'a pas eu droit à la faveur du fisc et qui s'est rendu jusqu'en Cour fédérale pour défendre ses droits :

- Les requérants sont le Dr William Young et sa société.

- Bill Rudd, comptable agréé et associé du cabinet de comptables Deloitte Touche, s'est occupé des problèmes comptables du Dr Young et de sa société. En 1990, le comptable Rudd a contracté le virus du syndrome d'immunodéficience acquise et est décédé en 1992.

- En 1991, Mme Young, qui tenait les livres de son mari et de la société, a pour sa part été victime d'une crise cardiaque. Par suite de cette maladie, elle n'a pas été en mesure de s'acquitter convenablement de ses tâches.

- Le 2 septembre 1992, le Dr Young a aussi été victime d'une crise cardiaque et il a dû subir une importante opération.

- En décembre 1995, un cancer de la prostate a été diagnostiqué chez le Dr Young et celui-ci a subi une radiothérapie.

- N'ayant pu se soumettre à ses obligations fiscales durant les années 1991, 1992 et 1993, le Dr Young demanda au ministre du Revenu d'exercer son pouvoir discrétionnaire afin d'annuler les intérêts qui lui étaient chargés pour les années durant lesquelles le contribuable et ses proches furent touchés par la maladie.

Même dans cette situation incroyable où tout le monde tomba malade, le Juge Nadon conclut en faveur du ministre du Revenu et refusa d'annuler les intérêts chargés au contribuable pour les années 1991, 1992 et 1993. Comment expliquer à monsieur Young qu'il n'a pas eu d'allégement de la part du fisc alors que durant les mêmes années, un autre contribuable canadien, le criminel présumé Caswell a réussi à faire suspendre les procédures du fisc en prétendant qu'il était lésé dans son droit au silence? Qu'en est-il du droit des grands malades au repos et à la tranquillité lorsque arrive le 30 avril et qu'ils doivent produire leur déclaration de revenus? Ou encore, pourquoi n'existe-t-il pas de mesures d'assouplissement à l'égard des personnes dans le deuil? Si une faveur leur est par chance accordée, c'est seulement à la discrétion du ministre et on nous précise bien que chaque situation est un cas d'espèce.

Cet exemple n'en est qu'un parmi tant d'autres où le système marche le ventre à terre face aux criminels alors qu'il ne reconnaît aucune compassion et souplesse à l'égard des honnêtes citoyens.[57] On nous dira : *c'est triste mais c'est comme ça...*

***

Il était une fois aux États-Unis : l'Affaire Capone

Il fut un temps où les choses ne se passaient pas ainsi, du moins chez nos voisins du Sud. Les politiciens osaient alors prendre position et les criminels n'avaient pas les pouvoirs qu'ils ont aujourd'hui. On n'a qu'à penser à l'affaire Capone où c'est finalement le fisc qui a gagné la bataille. Un peu d'histoire...

Près de 75 ans plus tard, l'Affaire Capone fait encore la fierté du fisc américain qui se vante d'avoir même réussi à épingler Capone. On se souvient qu'Al Capone était un gangster qui oeuvrait dans la contrebande d'alcool dans les années 1920-1930. Durant ces années, il ne produisait pas de déclarations de revenus croyant que les revenus de sources illégales n'étaient pas imposables.

Aux États-Unis, Al Capone était considéré comme l'ennemi public no 1. Le président Hoover mit alors beaucoup de pression sur l'appareil gouvernemental pour réussir à le coffrer. Le gouvernement américain adopta alors une approche sur deux fronts :
- rassembler assez de preuves afin de prouver l'évasion fiscale;
- rassembler assez de preuves afin de l'accuser de violation de la prohibition (interdiction d'importer, de fabriquer ou de vendre de l'alcool aux États-Unis).

L'homme qui avait la responsabilité de rassembler les preuves concernant les violations envers la prohibition était le populaire Eliot Ness. Il débuta sa croisade en regroupant des jeunes agents fringants dont le plus actif était Elmer Irey de la brigade spéciale du fisc qui travaillait avec acharnement afin d'amasser les preuves nécessaires pour accuser Capone d'évasion fiscale.

Or, le fisc américain avait un problème majeur. En effet, selon les lois de l'époque, il n'aurait pas pu incriminer Capone pour l'omission de ses déclarations de revenus. Pour le poursuivre au criminel, il devait donc réussir à démontrer qu'il avait produit de fausses déclarations fiscales. Par conséquent, les notes de travail du Internal Revenue Service (l'équivalent de l'Agence des douanes et du revenu aux États-Unis) démontrent clairement que la stratégie fut alors de laisser miroiter un règlement civil avec Capone pour l'inciter à déclarer ses revenus, qui en l'occurrence seraient faux, et par le fait même, le coincer dans de fausses déclarations. L'avocat de Capone, qui avait tous les pouvoirs de négociations au nom de Capone, tomba dans le piège et donna un faux estimé des revenus de son client pour les années en litiges. Ce qui fut fatal pour son client! Ainsi, le 17 octobre 1931, Capone fut déclaré coupable d'évasion fiscale et fut condamné à onze ans de prison, 50 000 $ d'amende et 30 000 $ de frais de cour ce qui, à cette époque, représentaient des montants substantiels.

Il est par ailleurs très intéressant de noter qu'en août 1990, l'« American Bar Association » a refait le procès de Capone en utilisant les règles fiscales **actuelles**. Le jury a alors acquitté Monsieur Al Capone de toutes les charges d'évasion fiscale pesant contre lui. Une preuve que les criminels sont bien partis pour prendre le dessus sur le droit… Appellerions-nous cette tendance de l'évolution?

***

Le fisc canadien a les mains liées

Néanmoins, ce qui frappe le plus dans l'affaire Capone est que le gouvernement a rassemblé toutes ses ressources pour le coffrer. On voulait sa peau et l'appareil gouvernemental l'a attaqué sur tous les fronts possibles. Il avait tout l'État contre lui, incluant le président des États-Unis, pendant qu'on lui demandait de produire des documents relativement à ses revenus des années en cause. Eliot Ness, Elmer Irey et le président Hoover n'ont pas jonglé avec le droit au silence de monsieur Capone, ils ont foncé. Des méthodes de travail efficaces lorsqu'on fait affaire avec un gangster.

C'est à se demander pourquoi on ne fait pas de même au Canada avec nos gangs de motards. Pourquoi ne pas mettre tout l'appareil gouvernemental pour les coffrer une fois pour toutes. Nous avons sûrement assez de ressources pour coffrer les quelques centaines de motards qui sèment la terreur dans le pays : 40 000 employés de l'Agence des douanes et du revenu du Canada[58], 8 445 employés du ministère du Revenu du Québec[59] et 57 000 agents de police au Canada.[60]

Il doit y avoir un moyen de réunir une brigade spéciale qui mènerait un combat sans merci sur tous les fronts possibles. Hélas non! Le fisc canadien a les mains liées par les articles 7 et 8 de la Charte qui restreignent la possibilité de livrer une bataille sur deux fronts à l'égard des grands criminels. L'affaire Caswell, citée antérieurement et encore l'affaire Lin nous démontrent que l'Agence et la GRC ne peuvent pas travailler de concert pour épingler un criminel, compte tenu de l'article 7 de la Charte qui protège le droit au silence d'un citoyen.

Les droits prévus par la Charte sont de plus en plus invoqués par les contribuables lorsqu'ils traitent avec les autorités fiscales. Effectivement, la charte canadienne protège maintenant non seulement les présumés criminels qui se font prendre par l'impôt mais aussi les autres contribuables qui n'ont pas de démêlés avec la justice si ce n'est qu'ils risquent de se faire poursuivre au criminel par le fisc. Cette question a été soulevée devant les tribunaux dans l'affaire Jarvis, qui est particulièrement intéressante en ce sens qu'elle est récente et qu'elle fut entendue en Cour suprême du Canada.

L'Affaire Jarvis[61]

Bien que Monsieur Jarvis ne faisait pas l'objet d'accusations criminelles au préalable sous d'autres motifs, il a réussi à démontrer qu'il n'avait pas à répondre à une demande péremptoire, du moment où il était clair qu'il était l'objet d'une enquête pour évasion fiscale.

L'affaire a commencé au début de 1994 alors qu'un dénonciateur anonyme a envoyé une lettre au chef de la vérification du bureau de Revenu Canada à Calgary. L'auteur y indiquait que Monsieur Jarvis n'avait pas déclaré des revenus substantiels provenant de la vente d'œuvres d'art durant les années 1990 et 1991. Il allait même jusqu'à nommer six galeries d'art impliquées dans les transactions.

En février 1994, la vérificatrice au dossier, madame Donna Goy-Edwards, commença ses démarches en envoyant à Monsieur Jarvis des lettres lui indiquant que son dossier allait être vérifié et lui demandait certains livres et registres. Entre temps, Madame Goy-Edwards continua ses recherches, allant même jusqu'à visiter des galeries d'art dans le but de vérifier si les informations du dénonciateur étaient fondées. Elle découvrit ainsi que Monsieur Jarvis avait omis de déclarer des ventes d'œuvres d'art totalisant 358 409 $ en 1990, et 221 366 $ en 1991. Madame Goy-Edwards réussit enfin à obtenir certains renseignements de la part du contribuable et de son comptable le 16 mars 1994. Le 11 avril 1994, Madame Goy-Edwards et son superviseur rencontrèrent le contribuable pour examiner ses registres. Monsieur Jarvis a répondu aux questions et il a fourni des renseignements bancaires et des documents incluant des registres de ventes et de dépenses concernant les œuvres d'art.

Le 4 mai, Madame Goy-Edwards a transféré le dossier à la Section des enquêtes spéciales de Revenu Canada. Détail important, malgré de nombreuses demandes concernant l'état de la vérification, madame Goy-Edwards a délibérément omis d'aviser Monsieur Jarvis que son dossier était maintenant à la section des enquêtes. L'examen du dossier, et plus particulièrement des livres et registres obtenus du contribuable lors de la rencontre du 11 avril permit à l'enquêteur, madame Diane Chang, de conclure qu'elle devait obtenir un mandat de perquisition pour mener une enquête relativement à une fraude fiscale, mandat qu'elle obtint en novembre 1994. Au début de l'année 1995, des demandes péremptoires ont été adressées à différentes banques permettant ainsi à l'enquêteur d'obtenir des renseignements additionnels.

Tous les renseignements ainsi recueillis ont permis à Revenu Canada d'accuser Monsieur Jarvis de fraude fiscale. Ce dernier s'est évidemment défendu. Devinez sous quels motifs? Les articles 7 et 8 de la Charte, bien entendu!

La Cour provinciale d'Alberta avait donné raison au contribuable en concluant que la vérification était effectivement devenue une enquête le 16 mars 1994 et qu'à compter de cette date, monsieur Jarvis était protégé par son droit au silence. Puisque Madame Goy-Edwards ne l'avait pas informé de ses droits lors de la rencontre du 11 avril, les déclarations et les documents recueillis lors de cette rencontre étaient considérés inutilisables puisqu'ils avaient été obtenus en contrevenant aux droits conférés par l'article 7 de la Charte, ce qui annulait tous les éléments de preuves recueillis ensuite.

En Cour suprême, le vent a tourné parce qu'on y a conclu que l'enquête avait effectivement débuté non pas le 16 mars mais bien le 4 mai, date à laquelle les enquêtes spéciales recevaient le dossier. En conséquence, les informations recueillies par madame Goy-Edwards furent acceptées. Cependant les renseignements bancaires obtenus au début de 1995, donc à la suite de demandes péremptoires, furent rejetés, la cour concluant que cette façon de faire avait porté atteinte au droit au silence de monsieur Jarvis, étant donné que l'enquête criminelle avait déjà débuté.

L'affaire Jarvis confirme donc qu'à partir du moment où le contribuable est présumé criminel, il peut profiter de certains privilèges prévus par la Charte. Cette fois, le contribuable s'est appuyé sur des accusations pour évasion fiscale afin de faire valoir son droit au silence. C'est simple en impôt : vous êtes bien traité si vous avez la chance d'avoir une accusation criminelle sur le dos. Allez comprendre. Vous pouvez profiter des avantages de la loi en étant hors-la-loi.

**

L'argent du crime abonde

Les paradis fiscaux sont inondés de revenus non déclarés et les criminels sont devenus plus riches que jamais. Ils fraudent le pays, droguent nos enfants et nous repassent leur facture d'impôt. Pour notre part, nous protégeons leur droit de ne pas s'incriminer et leur droit à l'égard des saisies abusives et par-dessus tout, nous faisons une ovation à monsieur Maurice Boucher à son entrée au Centre Molson, en septembre 2000.

Je suis d'opinion que le temps où les criminels font la pluie et le beau temps dans notre pays doit être révolu et qu'il est urgent de s'occuper des droits et de la liberté des citoyens honnêtes qui méritent nos efforts et notre attention.

Les ressources se font rares et nous n'avons plus les moyens de philosopher avec des principes qui ont un coût économique et social beaucoup trop élevé pour le reste de la population. Par conséquent, commençons par réduire le taux d'imposition et de taxation des contribuables honnêtes et respectueux à un taux inférieur à 50 % et réduisons le déficit à un niveau acceptable en récupérant les impôts que nous doivent des criminels et les fraudeurs. Après avoir atteint ces deux objectifs élémentaires, il serait alors approprié de s'attarder à des notions telles les droits et la liberté des présumés criminels à l'égard de l'impôt.

TROISIÈME PARTIE

LA VÉRITÉ SUR
LES PARADIS FISCAUX

Chapitre 9

LES PARADIS FISCAUX

Pour traverser le Mur du fisc : les paradis fiscaux – Bahamas, Hong Kong, Libéria, Monaco, Andorre et cie… – Le système bancaire dans les paradis fiscaux – La popularité des paradis fiscaux – Comment réduire et même éliminer ses impôts par le biais des paradis fiscaux – Principales techniques de planifications fiscales impliquant les paradis fiscaux – Comment camoufler ses capitaux : les techniques de base – Les techniques plus sophistiquées – Transfert de capitaux à une société Offshore ou à une fiducie extraterritoriale – Techniques favorisées par les multinationales – Libres d'impôts

Pour traverser le Mur du fisc : les paradis fiscaux

Le Mur de Berlin et le Mur du son, c'est dépassé. Aujourd'hui, on peut traverser le Mur du fisc. On se rend de l'autre côté, du côté des paradis fiscaux. En effet, de nombreux contribuables ont trouvé une façon sophistiquée de procéder avec le fisc canadien : ils résident au Canada et ils profitent du système tout en s'organisant pour être assujettis à l'impôt d'un autre pays où les taux d'imposition sont évidemment moins élevés. Ils accèdent alors à ce qu'on appelle un paradis fiscal.

Lorsqu'on traite des paradis fiscaux, l'on fait référence à des notions et à des règles fiscales qui peuvent s'avérer techniques. Pour bien comprendre comment certains riches utilisent les paradis fiscaux pour réduire ou même éviter l'impôt canadien, vous serez amené dans les pages qui suivent à apprendre ce qu'est un paradis fiscal et pourquoi son utilisation est à ce point appréciée en fiscalité. Je démontrerai ensuite la popularité de cette pratique et son coût réel pour les finances publiques du pays. La dernière partie de ce chapitre traitera des principales méthodes utilisées par les Canadiens lorsqu'ils font affaire avec les paradis fiscaux et les règles prévues dans les lois fiscales pour stopper ces transactions. Vous pourrez ainsi constater que le fisc n'est pas toujours à la hauteur puisque certains contribuables réussissent tout de même à le contourner.

Bahamas, Bermudes, Hong Kong, Libéria, Monaco, Andorre et cie...

Un paradis fiscal est un pays ou un territoire qui permet une imposition minimum ou nulle. Actuellement, il existe environ 90 juridictions offrant ces attraits aux investisseurs non résidants.

Les Paradis fiscaux se divisent principalement en deux types:

- « paradis pour sociétés » et
- « paradis pour personnes physiques »

Une société, ou une personne physique qui connaît les lois et les avantages de chaque pays considéré comme paradis fiscal, a la possibilité de réduire de manière substantielle et même d'éliminer totalement la charge fiscale de son pays d'origine.

Normalement, les paradis fiscaux sont utilisés par des personnes physiques, c'est-à-dire des individus et par des sociétés étrangères qui possèdent un grand capital et qui ne désirent pas payer d'impôts.

Il faut aussi comprendre qu'il n'existe pas de paradis fiscal parfait. Chacun est différent en soi et offre des avantages particuliers selon le pays. Croyez-le ou non, il existe habituellement un paradis fiscal pour chaque type d'activité, entité et budget, du « sur mesure » quoi!

Bahamas, Bermudes, Vanuatu, Monaco et Andorre sont des exemples de pays dans lesquels un non-résident ne serait pas assujetti à l'impôt sur le revenu et sur la plus-value en capital. Les personnes physiques sont donc particulièrement attirées par ces juridictions.

Hong Kong, le Libéria et Panama sont des endroits où les sociétés ne paient pas d'impôts sur les revenus étrangers. Dans l'Union européenne, les pays comme le Luxembourg et la Hollande offrent des avantages d'imposition aux sociétés de placements et à celles qui opèrent en dehors de leur propre territoire. L'Irlande est intéressante pour les sociétés d'exportation et pour certains professionnels.

Même le Canada qui a pourtant une législation fiscale très sévère, offre certains avantages fiscaux aux entreprises oeuvrant dans des secteurs d'activités précis et définis tels que la recherche et le développement, l'industrie minière, le cinéma et le multimédia.

Le système bancaire dans les paradis fiscaux

Les personnes physiques ou les sociétés qui installent leurs affaires dans les paradis fiscaux nécessitent une collaboration étroite avec les banques. Un système bancaire solide et discret devient souvent la marque de commerce d'un paradis fiscal.

Lorsque l'on fait affaire avec une banque dans un paradis fiscal, on s'attend à ce qu'elle travaille en respectant les principales règles suivantes :

- le secret bancaire, l'existence de comptes anonymes et numérotés et la non-obligation pour le banquier de connaître le client;
- l'interdiction pour le banquier de dévoiler aux autorités judiciaires ou fiscales le bénéficiaire d'une transaction ou le titulaire d'un compte;
- l'absence de contrôle des transactions financières;
- l'absence d'obligations pour le banquier de tenir un registre financier;
- l'existence d'instruments monétaires « au porteur »;
- l'absence ou la faiblesse d'organismes de contrôle bancaire;
- la présence de zones franches;
- l'absence d'obligation pour le banquier d'informer les autorités sur des transactions douteuses;
- l'absence ou la faiblesse de moyens d'investigation sur les activités criminelles ou corruption généralisée;
- l'absence de loi sur la saisie d'actifs.[62]

Le secret bancaire est une véritable institution dans un paradis fiscal. En pratique, le secret bancaire des paradis fiscaux fait en sorte qu'il est très difficile, voire impossible pour le fisc, d'obtenir des informations reliées à des transactions bancaires d'un contribuable canadien. En effet, les autorités fiscales se sont avérées impuissantes face aux lois fiscales des Caraïbes dans plusieurs dossiers.

Il est donc évident que l'accès aux paradis fiscaux offerts par le système bancaire est en soi un attrait pour ceux qui cherchent à se soustraire au fisc et aussi, pour toutes les organisations qui nécessitent le blanchiment d'argent, tout comme pour celles qui demandent la discrétion dans les méthodes de travail... Je pense ici aux réseaux de corruption, aux trafiquants de stupéfiants et de faux titres, aux terroristes et aux mouvements armés, entre autres.

La popularité des paradis fiscaux

Les paradis fiscaux ne sont pas des légendes urbaines, ils sont actuellement omniprésents dans plusieurs planifications fiscales, dans les banques canadiennes et dans le monde des affaires en général. Ils provoquent surtout un manque à gagner dans les finances canadiennes de plusieurs milliards de dollars à chaque année.

La popularité des paradis fiscaux chez les Canadiens est d'ailleurs soulignée à diverses occasions par le vérificateur général du Canada. En voici quelques exemples :

En 1992, le vérificateur général révélait ainsi que les corporations canadiennes avaient investi « **16,1 milliards** à la Barbade, à Chypre, en Irlande, aux Pays-Bas et en Suisse, pays qui sont tous considérés comme des paradis fiscaux, pour échapper au fisc, en profitant des règles peu restrictives sur les investissements étrangers ».[63]

En 1999, selon le rapport du vérificateur général à Ottawa, les placements directs effectués par des Canadiens à l'étranger représentaient 257 milliards de dollars dont plus de **28 milliards** furent investis dans trois paradis fiscaux. Ainsi, en 1999, le vérificateur estimait que 17 milliards étaient investis à la Barbade, seulement.

En 2001, la vérificatrice générale, Sheila Fraser, soulignait dans son rapport, qu'en 15 ans, à la Barbade seulement, au moins 53 contribuables canadiens avaient réussi à placer à l'abri du fisc quelque **800 millions** de dollars.

Dans son rapport du 3 décembre 2002, la vérificatrice générale exprimait clairement son inquiétude quant à la popularité grandissante des paradis fiscaux dans les affaires canadiennes depuis les dernières années. À titre d'exemple, elle expliquait qu'en 2001 seulement, environ **38,7 milliards** de dollars ont été transférés dans trois paradis fiscaux, soient la Barbade, les Bermudes et les Bahamas.

***

Il va sans dire que de 1993 à 2002, la popularité des paradis fiscaux s'est dangereusement accrue auprès des Canadiens. La migration des capitaux semble avoir pris la tendance d'une épidémie et malgré les commentaires très explicites du vérificateur général, le gouvernement ne réussit pas à endiguer le fléau.

D'autres données démontrent l'ampleur du phénomène. On n'a qu'à penser qu'en 1995, aux Bermudes, il existait plus de 9 500 compagnies dont 1 300 étaient des compagnies d'assurances. Les Îles Caïmans se surpassaient avec 28 000 compagnies pour 30 000 habitants!

Que dire des institutions financières canadiennes, avec leurs 60 succursales dans les Antilles qui offrent sans scrupules des planifications fiscales aux contribuables canadiens. À titre d'exemple, citons la CIBC qui a l'audace de décrire ainsi les avantages des paradis fiscaux dans une publicité accessible à tous :

« Profitez des bénéfices d'un paradis fiscal de premier ordre, tels que l'absence d'impôts retenus à la source, d'impôts sur

la richesse, les gains en capitaux et sur les successions, dans le respect et la confidentialité absolus. »[64]

On a du mal à croire que nos gouvernements et notre société acceptent une telle publicité qui incite à la fraude et à l'évasion fiscale. Une publicité qui en dit long sur l'attitude fiscale de certains citoyens canadiens. À l'échelle mondiale, on estimait que « les dépôts auprès d'entités juridiques telles que des sociétés commerciales internationales et trusts offshore sont estimés à plus de 5 billions de dollars américains. »[65]

De tels chiffres peuvent nous surprendre et suscitent inévitablement des questions et de la curiosité légitime. Qui sont ces gens qui font affaire avec les paradis fiscaux, et comment procèdent-ils?

Comment réduire et même éliminer ses impôts par le biais de paradis fiscaux

Pour la plupart, ce sont les fortunes familiales et les multinationales qui sont les grandes favorites des paradis fiscaux. Elles y transfèrent littéralement leur magot expliquant ainsi en partie l'appauvrissement des États et par le fait même, les taux d'imposition surélevés que doivent supporter leurs concitoyens.

Principales techniques de planification fiscale impliquant les paradis fiscaux

La question que plusieurs se posent et qui apparaît être un secret réservé à l'élite est : « Comment procède-t-on lorsque l'on veut réduire ou éliminer nos impôts en faisant affaire à un paradis fiscal? » Évidemment, il existe peu d'écrits sur le sujet étant donné la fraude fiscale impliquée dans cette pratique, et les tours de passe-passe en place sont souvent secrets. De plus, le sujet est complexe et ce sont les fiscalistes les mieux rémunérés qui oeuvrent souvent dans le domaine. Ainsi, au risque de trop simplifier la question ou d'omettre certains faits, j'expliquerai en termes clairs ces petites pirouettes de plusieurs milliards.

L'objectif des Canadiens lorsqu'ils font affaire avec les paradis fiscaux est simple : *Profiter de taux d'imposition moins élevés qu'au Canada*. L'exercice pour y arriver peut parfois être très complexe, surtout si le maître d'œuvre souhaite qu'il soit à l'épreuve du fisc canadien. Ainsi, les principales techniques de planification fiscale utilisant les paradis fiscaux se divisent en deux catégories :

A. Les techniques plus simples consistant à camoufler les capitaux dans les paradis fiscaux. En d'autres mots : de la pure fraude fiscale;

B. Les techniques plus complexes de gymnastique fiscale.

Comment camoufler ses capitaux : les techniques de base

Ces techniques sont faciles à saisir puisqu'elles visent simplement à faire traverser des capitaux dans le paradis fiscal choisi par le contribuable. La complexité pouvant survenir lorsqu'on procède ainsi, relève plutôt du choix du véhicule électronique pour acheminer l'argent jusqu'à la banque visée afin d'en faire perdre la trace par le pays d'origine. En effet, il est assez évident que le contribuable ne chargera pas des millions de billets dans ses bagages pour aller les porter en main propre dans les Îles Caïmans, d'autant plus que le transfert de numéraires est limité à la somme de 10 000 $. Dans la plupart des cas, le contribuable procède donc par transfert bancaire électronique et il doit être vigilent afin de ne pas laisser de trace.

D'ailleurs, *Attac Québec* notait dans un récent document portant sur le scandale des paradis fiscaux que « *Pour la somme de quelques milliers de dollars, ces agents se feront un plaisir de vous expliquer comment fonder une fiducie ou sortir votre argent discrètement via les casinos de Las Vegas. Une fois officiellement « perdu », c'est un jeu d'enfant de transporter cet argent quelque part dans les Caraïbes et de l'y mettre en fiducie ou dans un compte à numéro. Toutes ces opérations sont même légales au Canada, en autant que l'on n'oublie pas de déclarer ses revenus de placements cachés à la fin de l'année. Ce que la plupart de ces contribuables négligent de faire, évidemment.* »[66]

On fera ainsi voyager l'argent par divers intermédiaires dans le but unique que le fisc, tout autre créancier ou la police, ne puissent pas en suivre la trace. « Suivez l'argent » est le conseil qu'avait donné l'informateur surnommé « *Deep Throat* » au journaliste du *Washington Post*, monsieur Bob Woodward. Ce dernier enquêtait alors sur le scandale du Watergate.

Les contribuables favorisant ces techniques sont ceux qui cherchent à soustraire du fisc canadien des revenus non déclarés ou encore, ceux qui veulent éviter l'imposition des revenus, sous forme d'intérêts, par exemple, qui seraient réalisés à même les capitaux transférés. Dans les cas des revenus non déclarés, ils rencontrent habituellement une difficulté supplémentaire à savoir qu'ils doivent procéder à un certain blanchiment d'argent avant de pouvoir procéder à un transfert électronique ou encore, ils doivent trouver des techniques plus sophistiquées pour aller porter l'argent dans un paradis fiscal, telles que le voyage par avion personnel, par bateau ou autre.

Dans tous les cas, il s'agit donc purement et simplement de revenus non déclarés et de fraude fiscale envers le gouvernement parce que le contribuable enfreint la règle prévue dans les lois fiscales canadiennes en vertu de laquelle il doit être imposé sur son revenu mondial en tant que résident du Canada.

En plus de cette fraude, le contribuable qui « s'amuse » à cacher des capitaux à l'étranger ne respecte pas une seconde règle fiscale obligeant les contribuables canadiens à déclarer les biens possédés à l'étranger. Il s'expose ainsi à des pénalités importantes. [67]

Vous aurez peut-être compris que je fais référence ici à la fameuse question apparaissant à la page 2 de la déclaration de revenus des particuliers et qui se lit comme suit : *« Possédiez-vous ou déteniez-vous des biens étrangers dont le coût total dépassait 100 000 $CAN (...)? »*

Ces règles relatives à la déclaration des biens à l'étranger sont théoriquement efficaces tant et aussi longtemps qu'elles sont respectées par le contribuable. Mais, lorsqu'on fait affaire à un contribuable qui a l'audace de mettre en place un scénario visant à transférer au soleil ses économies, il est peu probable qu'il répondra « oui » à cette fameuse question. Ce contribuable connaît très bien la règle d'or des paradis fiscaux : « la confidentialité » et il ne divulgue même pas son secret à ses proches dans bien des cas, alors n'est-ce pas dérisoire de penser qu'il se confiera au fisc?

Il semble plutôt qu'il s'agisse d'une série de règles qui paraît bien aux yeux de l'électorat mais dont l'efficacité s'apparente à « un coup d'épée dans l'eau ».

La réalité est que le fisc n'a aucun moyen de savoir ce qui se passe dans les paradis fiscaux et que les contribuables oeuvrant dans le domaine en sont conscients. Le pouvoir du fisc qui réussit à impressionner la plupart des citoyens canadiens, ne réussit pas à percer le secret bancaire qui prévaut dans les paradis fiscaux. Les contribuables qui font traverser des capitaux dans les paradis fiscaux sont donc assez confiants et se soucient rarement des règles relatives à l'imposition mondiale et à la déclaration des biens à l'étranger.

Les techniques plus sophistiquées

Il existe principalement deux types de planifications fiscales intégrant les paradis fiscaux. Il s'agit de techniques plus complexes qui sont souvent plus difficiles à démanteler par le fisc canadien.

Transfert de capitaux à une société Offshore ou à une fiducie extraterritoriale

Une technique très populaire consiste à mettre en place, dans le paradis fiscal choisi, une société extraterritoriale dite « *Offshore* », une fiducie ou la combinaison des deux.

La structure proposée est essentiellement la même dans tous les cas. Contrairement à un transfert dans un compte de banque personnel tel que présenté à la section précédente, il s'agit de transférer les capitaux visés dans le compte de banque d'une fiducie ou d'une société extraterritoriale. On laisse ensuite croire au contribuable que la fiducie ou la société n'étant pas résidente du Canada[68], le revenu généré ne sera pas assujetti à l'impôt canadien. L'état du droit fiscal actuel a prévu ces situations et plusieurs contribuables font présentement des pirouettes de ce genre en pensant qu'elles sont à l'épreuve du fisc canadien alors que leur succès tient simplement du fait que les autorités fiscales ne réussissent pas à les découvrir.

Techniques favorisées par les multinationales

Essentiellement, les stratégies privilégiées par les multinationales pour prendre avantage des paradis fiscaux reposent souvent sur la création de sociétés distinctes étrangères auxquelles la société canadienne transfère les revenus d'entreprise.

À titre d'exemple, une entreprise oeuvrant dans l'exportation créera une société indépendante dans un paradis fiscal qui agira comme distributeur sur le plan international et qui réalisera, par le fait même, un profit sur la vente des produits à l'échelle mondiale. Ledit profit, étant réalisé par la société non résidante indépendante, ne sera pas assujetti à l'impôt canadien. La plupart des multinationales canadiennes ont mis en place une telle structure permettant le transfert de revenus dans les paradis fiscaux.

Libres d'impôts

Les sociétés favorisent les paradis fiscaux avec lesquels le Canada a une convention fiscale[69] pour la création d'une telle société parce qu'il s'avère alors possible de « rapatrier » les profits au Canada, bien souvent sous la forme de dividendes inter-sociétés libres d'impôts. Tout ce qu'il y a de plus simple, à l'épreuve du fisc canadien et qui permet aux multinationale d'abaisser leur taux d'imposition théorique de 40 % à 0 %.

Le fisc canadien a évidemment prévu certaines règles fiscales visant les sociétés qui font de telles affaires dans les paradis fiscaux.

***

Lorsqu'il est question de paradis fiscaux, on transige avec des professionnels qui ont de l'expérience et qui manipulent beaucoup d'argent. Il faut donc s'attendre à travailler avec des transactions complexes et des règles fiscales tordues. Les chapitres suivants vous présenteront des situations réelles de particuliers et de multinationales oeuvrant dans les paradis fiscaux. Des situations étonnantes qui vous feront sursauter. Vous n'en reviendrez pas de l'audace de ces contribuables canadiens connus qui prennent des airs de citoyens tout à fait responsables et honnêtes…

Chapitre 10

DES CANADIENS RICHES ET CÉLÈBRES DANS LES PARADIS FISCAUX

– La Canada Steamship Lines – La présence des sociétés de Paul Martin dans les paradis fiscaux – L'évitement des lois fiscales canadiennes – Du Libéria… à la Barbade – Paul Martin était-il vulnérable? – Les sociétés offshore de John Laxton – Des motards criminalisés dans les paradis fiscaux – Même des vedettes – Le lac Léman ou le lac Tremblant?

Lorsqu'ils font affaire avec les paradis fiscaux, l'objectif des Canadiens est simple : *Profiter de taux d'imposition moins élevés qu'au Canada.* Il s'agit maintenant d'examiner pourquoi certaines célébrités canadiennes et québécoises ont choisi de s'établir dans les paradis fiscaux et l'impact parfois dramatique de leurs choix sur les finances publiques. Dans au moins un cas, celui de Paul Martin, nous aurons l'occasion d'examiner la situation insolite d'un ministre fédéral des Finances, aujourd'hui premier ministre du Canada, en regard de la présence dans les paradis fiscaux des entreprises qu'il possédait.

La Canada Steamship Lines

Il est bien connu de tous que le premier ministre du Canada, monsieur Paul Martin détenait, jusqu'au mois d'avril 2003, la célèbre Canada Steamship Lines (CSL). Celle-ci est constituée de plusieurs sociétés dont Le Groupe CSL Inc. avec ses filiales, la Canada Steamship Lines Inc. (Canada) et la Canada Steamship Lines International.

La « *CSL et CSL International font partie du* **Groupe CSL**. *Ensemble, ces deux compagnies possèdent la plus importante flotte d'autodéchargeurs au monde et transportent par voie d'eau plus de 30 millions de tonnes de cargaison en vrac par an* ». La CSL « *se spécialise dans l'exploitation d'autodéchargeurs offrant aux affréteurs des moyens de transport par bateaux alliant flexibilité et efficacité pour le commerce intérieur, côtier et océanique* »[70].

Le groupe réalise un revenu annuel de 280 000 000 $ et détient des actifs ayant une valeur de 690 000 000 $[71], incluant plus de 37 navires[72].

De façon à mieux situer l'évolution de cette société, voici une brève énumération des points saillants depuis 1981 :

1981 :   Paul Martin et Laurence Pathy achètent la CSL de Power Corporation pour la somme de 180 000 000 $.

1988 :   Paul Martin achète la participation de Laurence Pathy et prend de contrôle de la société.

1992 :   Incorporation de 5 sociétés au Liberia, un paradis fiscal de choix pour les entreprises oeuvrant dans la navigation internationale.

1994 :   Monsieur Martin, alors ministre fédéral des Finances, se défend de ne plus diriger directement sa compagnie qui a été placée sous le contrôle d'une fiducie externe de façon à lui éviter d'éventuelles allégations de conflit d'intérêts.

1995 :   Suite à certaines modifications des lois fiscales applicables aux sociétés du groupe, on procède au transfert à la Barbade de sociétés anciennement établies au Liberia.

1999 :   L'entière gestion de la flotte est confiée à une société des Bermudes privant ainsi les finances publiques canadiennes de 700 000 $CAN par année.[73]

2003 :   Le contrôle de la société est transféré aux trois fils de Paul Martin.

La présence des sociétés de Paul Martin dans les paradis fiscaux

Le Libéria, les Bermudes et la Barbade sont des paradis fiscaux. À titre d'exemple, aux Bermudes, il n'existe aucun impôt sur le revenu et une société peut obtenir par contrat une exemption de tout impôt jusqu'en 2016. La Barbade, quant à elle, permet aux sociétés d'être soumises à une imposition décroissante de 2,5 % à 1 %.

Dans la déclaration de ses avoirs lors de son entrée en fonctions à titre de ministre des Finances du Canada en 1993, on remarquait que Paul Martin possédait alors des intérêts dans un certain nombre de sociétés de la Barbade et du Libéria. Selon les propos du député fédéral de Beauport-Montmorency-Côte-de-Beaupré-Île d'Orléans, Michel Guimond, Paul Martin possédait toujours en 1998, par le biais de CSL Group inc., des sociétés à la Barbade et au Libéria.

En 2002, Pierre Paquette[74], député de Joliette à la Chambre des communes, notait que le ministre des Finances avait installé au moins 13 de ses compagnies dans des paradis fiscaux et précisait que la Canada Steamship Lines, gérée par une fiducie depuis 1994, possédait des filiales à la Barbade et aux Bermudes.

L'évitement des lois fiscales canadiennes

Il va sans dire que ce n'est pas le goût de l'exotisme qui a motivé la présence des entreprises de Paul Martin dans les paradis fiscaux, mais bien l'évitement des lois fiscales canadiennes. Le vice-président de la CSL, Pierre Préfontaine, a d'ailleurs confirmé le 1er avril 2003 qu'effectivement, la décision de Paul Martin d'établir des sociétés au Libéria en 1992 découlait simplement d'une planification fiscale. Il a même précisé que les sociétés avaient ensuite été déplacées à la Barbade en 1995, suite aux modifications apportées aux lois fiscales canadiennes.[75] La planification fiscale de Paul Martin était claire et précise : elle permettait de soustraire ses propres sociétés du fisc canadien par le biais des paradis fiscaux.

Du Libéria... à la Barbade

Il est d'ailleurs révélateur d'examiner les circonstances ayant entouré le déplacement des sociétés détenues par Paul Martin du Libéria vers la Barbade.

Le Libéria était un paradis fiscal par excellence pour Paul Martin parce qu'en y établissant ses sociétés, il pouvait rapatrier au Canada, sous la forme de dividendes inter-société libres d'impôts, les profits qui s'y accumulaient. Alors même que monsieur Martin établissait sa structure corporative dans les paradis fiscaux, le vérificateur général du Canada, Denis Desautels, expliquait en 1992 que ces mêmes stratagèmes coûtaient des milliards de dollars au gouvernement et qu'on devait y mettre fin.[76]

L'année suivante, en 1993, un comité des Communes suggérait fortement au gouvernement canadien de repenser le traitement généreux qu'il accordait aux sociétés oeuvrant dans les paradis fiscaux. En 1994, devant la pression, le ministre des Finances Paul Martin n'a pas eu d'autre choix que de prendre position. Il énonça alors dans son discours du budget que certaines sociétés canadiennes ne payaient pas une charge fiscale adéquate et qu'en conséquence, il prendrait les moyens pour empêcher ces sociétés d'utiliser des entités étrangères pour éviter le fardeau fiscal canadien. Paul Martin énonça alors une série de mesures fiscales fermant la porte aux planifications impliquant des paradis fiscaux dont la sienne, au Libéria! Toutefois, ce ne sont pas tous les paradis fiscaux qui passèrent dans le hachoir et la porte resta alors grande ouverte pour les sociétés canadiennes ayant des filiales à la Barbade.

La CSL s'est alors retroussé les manches et s'est empressée d'aller y installer ses filiales en 1995! Cette situation plaçait notre ministre fédéral dans une position étonnante : alors même qu'il annonçait officiellement l'intention formelle du gouvernement de mettre fin au fléau de la présence des sociétés canadiennes dans les paradis fiscaux, ses propres sociétés continuaient à le faire par la bande.

Paul Martin était-il vulnérable?

Tel qu'expliqué dans le précédent chapitre portant sur les paradis fiscaux, ceux-ci représentent inévitablement un problème majeur non seulement pour le système fiscal canadien, mais aussi pour celui de l'ensemble des pays membres de l'OCDE. En fait, il est de notoriété publique que les paradis fiscaux constituent l'un des pires ennemis des finances publiques au Canada et que des mesures drastiques doivent rapidement être prises pour remédier à cette situation. Il est donc primordial que la personne en poste, c'est à dire le ministre fédéral des Finances, ne se trouve pas en situation de conflit d'intérêts, qu'il soit vulnérable et qu'il devienne ainsi inapte à leur livrer un vrai combat.

Face à cette situation, les choix de Paul Martin étaient, lors de son entrée au cabinet, très simples : cesser les activités de ses entreprises dans les paradis fiscaux ou refuser le poste de ministre des Finances du Canada. Il a pourtant opté pour une troisième alternative : rien choisir et tout garder. La gestion de ses entreprises fut placée sous le contrôle d'une fiducie externe.

Interrogé en avril 2001 relativement à certaines affirmations de députés de l'opposition à la Chambre des communes l'accusant d'être en conflit d'intérêts sur la question des paradis fiscaux comme celui de la Barbade, Paul Martin *« les a reléguées au rang des attaques personnelles qui ne méritent pas réponses ».*[77] Cette situation risquait néanmoins de placer le futur premier ministre dans l'embarras. Alors qu'il déclarait, en février 2003[78], que même s'il devenait premier ministre du Canada, il serait hors de question qu'il vende la Canada Steamship Lines, en avril 2003, devant la pression politique de plus en plus forte, il réagit en transférant ses entreprises à ses trois fils.

***

Étant donné la confidentialité fiscale dont jouissent ces sociétés, les contribuables canadiens ne sauront jamais le montant exact des bénéfices fiscaux qu'ont retirés en toute légalité la CSL et les autres sociétés de Paul Martin par leur présence dans les paradis fiscaux.

***

Les sociétés offshore de John Laxton

L'utilisation par l'ancien président de la BC Hydro, John Laxton, des fiducies extraterritoriales et de sociétés dites « offshore » lui aura coûté son poste.

John Laxton a risqué beaucoup en jouant avec les paradis fiscaux puisqu'il n'était pas à la tête de n'importe quelle compagnie, il dirigeait une société qui avait un chiffre d'affaire de 6,3 milliards de dollars en 2002, la B.C. Hydro, qui fournit un service public d'électricité en Colombie-Britannique. Avec plus de 1,5 million d'abonnés, elle est la troisième compagnie d'électricité en importance au Canada.

Monsieur Laxton avait investi 1,2 million de dollars américains de son argent personnel dans International Power Corporation, une société de la Colombie-Britannique qui était impliquée avec une filiale de BC Hydro dans un important projet d'électricité au Pakistan. Monsieur Laxton avait réalisé son investissement par le biais de deux sociétés distinctes dont une avait été créée dans les Îles Vierges britanniques. Une fiducie extraterritoriale avait aussi été mise en place pour la détention des actions de la même société.

Un des avantages d'une telle structure est qu'en tant que fiducie résidente d'un paradis fiscal, les gains résultant de la disposition des actions d'une société publique peuvent être réalisés sans conséquence fiscale canadienne. De plus, il existe une totale confidentialité en ce qui a trait au propriétaire réel desdites actions ce qui était un avantage notable pour John Laxton.

Évidemment, dénoncé par l'opposition libérale en février 1996, John Laxton fut remercié et quitta le poste de président de la B.C. Hydro. Sa structure offshore semble cependant être restée en place avec ses avantages fiscaux.

La BC Hydro a bien évidemment fait enquête sur les « affaires » de John Laxton et un rapport de 260 pages a été publié au début de 1997 dans lequel on nous confirmait que :

- John Laxton a effectivement acheté secrètement des actions de International Power Corporation pour un coût de 1,2 million de dollars américains, par le biais de sociétés étrangères et de comptes anonymes.

- John Laxton qui avait d'abord dit aux journalistes qu'il ne savait pas qui était les personnes qui se cachaient derrière ces transactions, a ensuite admis qu'il s'agissait de lui-même et de son beau-frère, Richard Coglon.

- John Laxton a aussi conclu un prêt d'un million de dollars américains au principal promoteur du projet, monsieur Ali Mahmood qui a utilisé cet argent pour financer en partie l'équité du projet. À cet effet, monsieur Laxton avait d'abord confirmé qu'il n'avait aucune implication financière avec monsieur Mahmood. Il a attendu d'être confronté à des preuves irréfutables avant d'admettre la vérité.

On comprend que durant toute cette période, monsieur Laxton était en conflit d'intérêts jusqu'au cou. Il est intéressant de noter que les avocats de John Laxton ont expliqué qu'il essayait simplement de mettre en place des relations avec monsieur Mahmood dont pourrait profiter la B.C. Hydro!

***

Des motards criminalisés dans les paradis fiscaux

Denis Houle et Gilles Mathieu sont membres des Hells Angels. Ils occupent des postes dits importants dans l'organisation et ils ont reconnu leur culpabilité à des accusations de gangstérisme le 11 septembre 2003.

Denis Houle et Gilles Mathieu ont aussi des intérêts dans les paradis fiscaux. Ainsi, selon l'édition du 12 septembre 2003 du *Journal de Montréal*, une source codée de la police a indiqué que Denis Houle aurait transféré une somme de 4,5 M$ dans les Antilles. On indiquait aussi que le grand penseur des Hells, Gilles Mathieu, aurait un train de vie incompatible avec ses revenus et qu'il détiendrait 1 M$ dans les paradis fiscaux.[79]

Quelle raison aurait motivé ces deux *gangsters* à placer leurs économies dans les paradis fiscaux? On peut raisonnablement supposer qu'ils souhaitaient cacher cet argent au fisc canadien, une institution qui devrait être l'une des pires ennemies des bandes de motards.

Il est fort peu probable, encore une fois, qu'on parvienne à connaître les détails des transactions et la véritable histoire. Quoi qu'il en soit, on peut avoir la certitude que messieurs Denis Houle et Gilles Mathieu n'avaient pas respecté les règles fiscales applicables à un résident canadien qui a des placements à l'étranger. En effet, s'ils avaient déclaré lesdits placements étrangers à l'Agence des douanes et du revenu du Canada (« ADRC ») et qu'ils avaient été imposés sur leurs revenus mondiaux, la source d'informations du *Journal de Montréal* n'aurait pas été une source de la police mais plutôt de l'ADRC.

On peut conclure que Denis Houle et Gilles Mathieu représentent une autre catégorie de riches Canadiens qui contournent le système fiscal. On peut aisément imaginer que leurs cas ne sont que la pointe de l'iceberg. C'est bien connu, les paradis fiscaux sont infestés par l'argent du crime.

***

Même des vedettes

Évidemment, il existe une autre catégorie de riches au Canada, ce sont certains artistes et sportifs. Lorsqu'ils entrent dans la parade des riches qui ne veulent pas payer d'impôts, ils s'y prennent différemment.

Ainsi, dans la plupart des situations connues, il s'agit d'artistes et de sportifs qui choisissent un paradis fiscal et qui y déménagent tout simplement. Ils quittent donc théoriquement le Canada pour aller s'installer ailleurs et ils ne profitent donc plus du système canadien.

Notons que les cas d'artistes ou de sportifs qui ont quitté le Canada pour s'établir dans des paradis fiscaux ne sont pas nombreux en raison du fait que le Canada demeure l'un de leurs marchés importants et nécessite donc qu'ils y séjournent pour une période prolongée. Des règles de disposition pour quitter le Canada peuvent également empêcher certains artistes et sportifs canadiens de déménager afin d'éviter une incidence fiscale très importante.

Il est toutefois intéressant de noter « l'exil » irlandais de Luc Plamondon. L'Irlande est une juridiction très populaire chez les artistes, les écrivains, les compositeurs et les sculpteurs parce que ceux-ci peuvent y profiter d'une « exemption d'impôts ». En fait, en s'établissant en Irlande, ils n'ont pas à payer d'impôts sur les revenus de leur art. L'Irlande n'a pas seulement attiré monsieur Plamondon. Mick Jagger et Éric Clapton y sont également installés, vraisemblablement pour les mêmes raisons.[80]Notons que le bruit court à l'effet que ces règles pourraient être changées avec les prochains budgets et qu'en conséquence, cette catégorie de contribuables se la couleraient un peu moins douce en Irlande. Ça reste à voir...

Pour sa part, Shania Twain a un penchant pour le lac Léman, en Suisse. En effet, « la célèbre chanteuse de musique country vit en Suisse romande, dans un manoir de la région de Montreux, avec son mari et producteur, Mutt Lange »[81]. De plus, selon Michèle Sénécal[82], le chanteur Garou se serait porté acquéreur en 2002 d'une résidence sur les rives du même lac, tout près de celle de madame Twain et d'autres grands de la chanson tels que Sting et Alain Morison.

Le lac Léman ou le lac Tremblant?

En quoi le lac Léman est-il supérieur au lac Tremblant? Il s'agit de savoir que l'impôt forfaitaire est un système d'imposition grandement apprécié des sportifs et des stars. Selon ce système, le revenu théorique du nouveau résident est estimé à cinq fois le montant annuel du loyer versé ou de la valeur locative s'il est propriétaire. À titre d'exemple, supposons que la valeur locative de la résidence de madame Twain soit de 30 000 $ par mois, elle serait donc imposée sur la base d'un revenu annuel de 1,8 million de dollars, une « miette » comparativement à la base d'imposition qu'elle aurait à subir au Canada.

Chapitre 11

LES PARADIS DES MULTINATIONALES

– Quelques multinationales canadiennes célèbres dans les paradis fiscaux – Irving Oil – Les sociétés pharmaceutiques canadiennes – Smithkline Beecham Animal Health inc. – Coca-Cola Beverages Ltd – Les Entreprises Ludco Ltée – Les multinationales présentes dans les paradis fiscaux : des mesures fiscales bien précises – Les règles fiscales régissant les prix de transfert : une ouverture à l'évitement de l'impôt – Des conventions fiscales permettant d'éviter la double imposition, ou comment ne pas payer d'impôts – Revenu étranger accumulé tiré de biens – Des brosses à dents à 5 655 $US

C'est bien connu, les multinationales font des affaires dans les paradis fiscaux. Monsieur Paul Martin ne s'en cache pas et d'ailleurs, la Canada Steamship Lines aurait pu, à elle seule, faire l'objet du présent chapitre étant, elle aussi, une multinationale. Ce chapitre porte néanmoins sur des cas où l'information relative aux transactions entre une société canadienne et ses sociétés étrangères est détaillée et complète, ce qui n'est évidemment pas le cas de la CSL de monsieur Martin, dont la société est privée.

Notons d'abord que lorsqu'une multinationale entre dans la parade des contribuables qui contournent le régime fiscal canadien, il faut s'attendre à une haute voltige qui sera difficilement attaquable par le fisc. Dans la plupart des cas, on notera des magouilles avec les prix de transfert nécessitant la mise en place de sociétés distinctes établies dans les paradis fiscaux, auxquelles la société canadienne transfère des revenus. Pour ce faire, il existe une technique fortement utilisée et tout à fait légale : la société canadienne achète certains produits de sa filiale étrangère à des prix de beaucoup supérieurs au marché. Le traditionnel cas d'Irving Oil, la vérification de Coca-Cola et le problème actuel des sociétés pharmaceutiques canadiennes, qui, à elles seules, ont réussi à soustraire du fisc une somme totalisant 157 millions de dollars, sont inévitablement des exemples qui démontrent que lorsque les multinationales s'installent dans les paradis fiscaux, elles ne s'amusent pas avec des cents.

Dans d'autres situations, les multinationales ont réussi à se soustraire au fisc canadien en déduisant les dépenses d'intérêts encourus sur des emprunts substantiels contractés par la société canadienne et dont les fonds sont utilisés pour financer les activités des sociétés étrangères. Plusieurs multinationales ont expérimenté ce genre de stratagèmes tel que l'a d'ailleurs constaté la vérificatrice générale du Canada dans son rapport de décembre 2002. Bien que l'analyse détaillée de ce type de transactions puisse être très pertinente, elle nécessiterait un exposé complexe et trop technique pour le présent ouvrage. Par conséquent, j'ai choisi de limiter mon analyse à la récente affaire Ludco qui fut entendue en Cour suprême du Canada, tel que vous le lirez plus loin dans le texte.

Quelques multinationales canadiennes célèbres dans les paradis fiscaux

Irving Oil

D'abord et avant tout, rappelons qu'Irving Oil, considérée comme une des plus importantes entreprises du Canada Atlantique, est la plus grande raffinerie au Canada.

Irving Oil Limited a créé une filiale aux Bermudes dont les activités consistaient à lui acheter du pétrole brut au prix coûtant pour le revendre aussitôt à Irving au prix du marché. Il est bien évident qu'un profit important était ainsi réalisé par la société bermudienne, profit qui était ensuite versé à sa société mère, c'est à dire Irving, sous forme de dividendes libres d'impôts. Cependant, le fisc a cotisé Irving en lui refusant la déduction du coût du pétrole brut dans la mesure où le prix payé à sa filiale dépassait le montant que le pétrole brut coûtait à cette dernière.

En clair, il s'agissait d'une situation typique où la société canadienne avait interposé une entité corporative des Bermudes entre elle et ses fournisseurs. Cette société canadienne, qui vend des produits pétroliers, a conclu avec Standard Oil of California une entente touchant la construction d'une raffinerie et l'approvisionnement à long terme de pétrole brut.

La décision des autorités fiscales ayant été contestée par Irving, la Cour d'appel fédérale a tranché la question en faveur d'Irving en tenant compte que, même si la création de cette entité et des arrangements subséquents étaient purement motivés par des raisons fiscales, qu'il s'agissait d'un arrangement conclu de bonne foi, et que la filiale n'était pas un agent d'Irving. Les profits ne doivent donc pas être imposés au contribuable canadien d'autant plus que la filiale est non résidante du Canada et tout à fait indépendante de la société mère. En procédant ainsi, Irving a réussi à soustraire du fisc canadien une somme estimée à 141 millions de dollars d'impôts tout en respectant la loi.

Les sociétés pharmaceutiques canadiennes

Selon les informations disponibles auprès des autorités fiscales, trois sociétés pharmaceutiques canadiennes sont présentement en litige avec le fisc concernant des achats de produits auprès de sociétés étrangères liées, à des coûts allant jusqu'à 40 fois le prix du marché. Afin de bien saisir une des principales méthodes qui permet aux multinationales d'abaisser leur taux d'imposition, voici un bref aperçu des transactions soulevées par le fisc dans le dossier de Smithkline Beecham Animal Health inc.

Smithkline Beecham Animal Health inc.[83]

Smithkline Beecham Animal Health inc. (« Smithkline ») fabrique et vend un médicament connu sous le nom de Tagamet dont l'un des principaux ingrédients de base est le cimétidine.

Dans cette affaire, l'Agence des douanes et du revenu questionne ainsi l'aspect raisonnable des paiements faits par la société Smithkline à d'autres sociétés ayant un lien de dépendance avec elle pour l'acquisition de cet ingrédient. Ces sociétés étaient situées aux Bahamas et en Irlande et elles vendaient l'ingrédient à Smithkline au prix de 400 $US le kilogramme alors que ce même produit était disponible, durant la même période auprès de manufacturiers canadiens non affiliés, à des prix variant de 50 $ à 250 $ le kilogramme. Il va sans dire que des profits énormes ont ainsi été discrètement dirigés aux Bahamas et en Irlande. Cette surestimation du prix d'achat du cimétidine était telle que Smithkline avait réussi à réaliser des pertes importantes sur la vente du produit au Canada. Bref, l'Agence a émis une cotisation pour un montant de 66 982 990 $ (avant intérêts) pour une période de 7 ans.

Voici un tableau résumant la situation des trois sociétés en cause :

	Ingrédient	Prix transfert (le kg)	Prix marché (le kg)	Cotisation (exc. intérêts)
Smithkline	Cimétidine	400 $US	50 -250 $	67 000 000 $
Glaxo Wellcome inc.	Ranitidine	1500 $-1650 $	193-304 $	50 000 000 $
Hoffman-La Roche	Naproxen	415 $	165 $	40 000 000 $
	Fluocinolone	400 $	10 $	
				157 000 000 $

Notons que les autorités fiscales canadiennes ont beaucoup d'expérience dans le dossier des sociétés pharmaceutiques puisque déjà, à la fin des années 1970, elles entreprenaient une vaste enquête dans ce secteur de l'industrie. Même si les résultats de celle-ci n'ont jamais été rendus publics, le ministère de la Consommation et des Affaires commerciales nous informait en 1983 qu'il existait une pratique importante dans l'industrie à l'effet que les sociétés d'un même groupe corporatif transigeaient entre elles les drogues utilisées pour fabriquer les médicaments à des prix beaucoup plus élevés que le prix du marché. Après 20 ans, le problème est toujours existant et au fil des années, il a provoqué l'absence d'importantes recettes fiscales.

Nous payons des avocats, des juges et nous supportons le système pour que ces causes soient entendues par les tribunaux. On est en droit de se demander comment il est possible que cela prenne autant de temps et que ce soit si complexe pour régler ce type de problèmes? N'est-il pas évident qu'on fait face à une magouille fiscale lorsque le prix d'un produit est acheté hors du pays à 40 fois le prix du marché canadien?

Coca-Cola Beverages Ltd

En 2001, les médias nous informaient que Coca-Cola Beverages Ltd[84] faisait l'objet d'une vérification fiscale susceptible de donner lieu à une cotisation de 100 millions de dollars. On nous indiquait que l'ADRC faisait enquête sur cette société depuis 4 ans et que les représentants de Coca-Cola rencontraient périodiquement des officiels à Ottawa depuis plusieurs mois pour tenter de régler les points soulevés.

Plus précisément, les autorités fiscales enquêtaient sur les achats du concentré utilisé pour produire le breuvage et tentaient de démontrer que les sommes déboursées pour les acquérir étaient trop élevées. Notons que le fournisseur du concentré, Caribbean Refrescos Inc., n'est pas n'importe qui. Il s'agit d'une filiale du groupe Coke, établie à Puerto Rico, où le taux d'imposition est par hasard beaucoup moins élevé qu'au Canada. On comprend donc qu'en achetant le concentré à un prix surévalué, on se retrouve avec un transfert de profits à Puerto Rico, ce qui a provoqué une perte d'impôts évaluée à 100 millions de dollars pour le Canada.

Or, le silence règne dans cette affaire. Plus personne en parle, à part Coca-Cola Enterprises inc., à mots couverts. La société nous informait ainsi en août 2003 dans son rapport trimestriel que :

« *Présentement, certaines filiales, incluant les filiales du Canada et de la France, ont reçu des cotisations, ou sont impliquées dans des vérifications pouvant mener à des cotisations et on ne peut pas prévoir le moment où elles seront résolues.* » (traduction libre de l'auteure)

Tout nous porte à croire que le fisc n'a pas encore réglé la question et que, fidèle à sa tradition, ça sera long…

Notons que Coca-Cola Co. a développé une expertise durant les dernières années dans les litiges impliquant sa société de Puerto Rico. En effet, elle avait un problème de 70 millions de dollars avec le fisc américain pendant les années 90 impliquant le calcul complexe de la valeur à attribuer à sa formule secrète. Qui a gagné? La formule secrète et le IRS ont perdu leurs 70 millions. Il ne faut pas s'attendre à de la magie de la part de nos fonctionnaires canadiens. La question des prix de transfert est devenue le sujet du jour avec les autorités fiscales et on remarque donc que les litiges se multiplient devant les tribunaux.

Les Entreprises Ludco Ltée

Tel que je l'ai souligné au début de ce chapitre, Les Entreprises Ludco Ltée ont procédé différemment que les sociétés précédentes pour contourner l'impôt canadien. La société gagnait des revenus de placements, et les planifications impliquant des prix de transfert n'étaient donc pas à leur portée.

Le 28 septembre 2001, cette affaire a été entendue par la Cour suprême du Canada, et la question en cause était la déductibilité des dépenses d'intérêts encourues par la société Les entreprises Ludco Ltée (« Ludco ») dans le contexte d'un emprunt structuré d'une manière assez particulière. En effet, Ludco avait emprunté une somme importante dans le but d'investir dans des actions ordinaires de deux sociétés étrangères constituées au Panama et faisant affaire aux Bahamas. Les fonds ainsi prêtés à ces sociétés étrangères étaient investis surtout dans des obligations gouvernementales canadiennes et provinciales. Pourquoi?

Parce que les sociétés étrangères pouvaient ainsi encaisser, libres d'impôts, les intérêts réalisés sur ces obligations.[85]

En 1985, Ludco disposait de ses actions dans ses sociétés étrangères et réalisait un gain en capital de 9,2 millions de dollars. Entre 1977 et 1985, Ludco a reçu des dividendes de 600 000 $ et déduit des dépenses d'intérêts d'environ 6 millions de dollars.

La dépense d'intérêts ainsi déduite a été refusée par le fisc à partir de la règle que la somme empruntée n'avait pas été utilisée « en vue de tirer un revenu d'un bien » tel que l'exige les règles fiscales, mais plutôt dans le but de transformer des revenus en gain en capital. Contrairement aux instances inférieures et au fisc, la Cour suprême du Canada a conclu à l'effet que les frais d'intérêts en question sont effectivement déductibles.

D'autres multinationales connues ont contourné le fisc canadien avec la question des dépenses d'intérêts déductibles au Canada dont notamment Enron et Shell Canada.

***

Les multinationales présentes dans les paradis fiscaux : des mesures fiscales bien précises

Il faut savoir que les multinationales qui oeuvrent dans les paradis fiscaux doivent travailler avec des mesures fiscales précises dont les plus importantes sont celles régissant les prix de transfert, les conventions fiscales et les règles relatives aux revenus étrangers accumulés tirés de biens.

Les règles fiscales régissant les prix de transfert : une ouverture à l'évitement de l'impôt

Afin de parer aux situations où les contribuables tentent de se soustraire à leur fardeau fiscal en jouant avec les prix de transfert, la loi fiscale canadienne[86] prévoit que les modalités des opérations conclues entre parties ayant entre elles un lien de dépendance doivent être comparables à celles qui auraient été conclues si aucun lien semblable n'avait existé. On fait ainsi référence au principe de pleine concurrence que les pays membres de l'OCDE ont adopté pour faire face à de telles situations.

Plus précisément, cette règle peut s'appliquer dans les cas où un contribuable a un lien de dépendance avec une personne non résidante du Canada et qu'ensemble, ils participent à une opération impliquant l'un des faits suivants :

- les modalités de l'opération diffèrent de celles qui auraient été conclues entre personnes sans lien de dépendance;
- l'opération n'aurait pas été conclue entre personnes sans lien de dépendance et il est raisonnable de considérer qu'elle a été principalement conclue en vue de l'obtention d'un avantage fiscal.

Dans les cas où ces conditions sont rencontrées, la transaction est redressée pour ramener les résultats comme si les parties n'avaient pas eu de lien de dépendance entre elles. Une pénalité peut être applicable dans certaines circonstances extrêmes.

Évidemment, cette règle anti-évitement, relative aux prix de transfert, a ses limites et ses difficultés d'application, surtout lorsqu'on traite de certains secteurs d'activité précis tels que la technologie de pointe ou encore les nouvelles substances chimiques ou certaines drogues.

Afin de réduire le fléau des multinationales qui contournent l'impôt canadien en s'amusant avec les prix de transfert, la mesure fiscale devrait être accompagnée de pénalités automatiques ayant un effet dissuasif important. On pourrait supposer que les contribuables deviendraient ainsi plus hésitants avant de magouiller avec les prix de transfert.

Des conventions fiscales permettant d'éviter la double imposition, ou comment ne pas payer d'impôts

L'objectif des conventions fiscales est d'éviter la double imposition d'un même revenu. Ainsi, dans le cas de multinationales, la convention fiscale prévoit que les profits de filiales de sociétés canadiennes à l'étranger ne doivent pas être imposés à la fois au Canada et dans les pays où elles font affaire.

Prenons l'exemple de la Canada Steamship Lines qui, comme plusieurs multinationales canadiennes, a incorporé des filiales à la Barbade. Ce profit est exempt de l'impôt canadien et de l'impôt de la Barbade. De plus, il pourra être rapatrié au Canada sous la forme d'un dividende inter-société libre d'impôts, grâce aux dispositions spécifiques de la convention fiscale entre le Canada et la Barbade. Autrement dit, la convention fiscale évite ainsi non seulement la double imposition entre les pays, elle permet surtout d'échapper tout simplement à toute forme d'impôts.

On peut donc se demander pourquoi le gouvernement canadien adhère à de telles ententes avec les paradis fiscaux comme celui de la Barbade où le taux d'imposition des entreprises est pratiquement nul. En signant de telles conventions, le gouvernement canadien tolère, et pire encore, légalise les échappatoires fiscales favorisées par les multinationales.

Pour mieux illustrer l'ampleur du désastre qui frappe les finances publiques canadiennes, il est très intéressant de consulter le rapport de la vérificatrice générale du Canada qui, le 3 décembre 2002 notait que les « *sociétés canadiennes ont, en 2000, reçu 1,5 milliard de dollars en dividendes de sociétés situées à la Barbade* ». Rappelons-le, ces dividendes rentrent normalement au Canada, libres d'impôts, et la Barbade n'est qu'un des paradis fiscaux permettant de telles stratégies.

Les autorités fiscales canadiennes doivent donc abolir les conventions fiscales avec les paradis fiscaux. Il s'agit d'une démarche élémentaire et essentielle. À titre d'informations, le Canada a signé des conventions fiscales avec les pays suivants :

Afrique du Sud	*Guyane*	*Pakistan*
Algérie	*Hongrie*	*Papoua-N-Guinée*
Allemagne	*Inde*	*Pays-Bas*
Argentine	*Indonésie*	*Philippines*
Australie	*Islande*	*Pologne*
Autriche	*Irlande*	*Portugal*
Bangladesh	*Israël*	*Rép. Dominicaine*
Barbade	*Italie*	*Rép. slovaque*
Belgique	*Jamaïque*	*Royaume-Uni*
Brésil	*Japon*	*Russie*
Bulgarie	*Jordanie*	*Slovénie*
Cameroun	*Kazakhstan*	*Singapour*
Chili	*Kirghizistan*	*Sri Lanka*
Chine (RPC)	*Kenya*	*Suède*
Chypre	*Lettonie*	*Suisse*

Corée, Rép. de	Lituanie	Tanzanie
Côte d'Ivoire	Luxembourg	Rép. Tchèque
Croatie	Malaisie	Thaïlande
Danemark	Malte	Trinité et Tobago
Égypte	Mexique	Tunisie
Équateur	Moldova	Ukraine
Espagne	Mongolie	Viêtnam
Estonie	Nigéria	Zambie
États-Unis	Norvège	Zimbabwe
Finlande	Nouvelle-Zélande	Roumanie »[87]
France	Ouzbékistant	

Le gouvernement doit donc adopter une ligne directrice dans ses négociations avec les autres pays et il se doit d'être conséquent dans ses décisions. S'il accepte d'entreprendre, en équipe avec l'OCDE, une croisade contre les paradis fiscaux, il doit s'assurer qu'il ne navigue pas à contre-courant pour ce qui est de ses ententes fiscales. Un grand ménage doit donc être fait, et les conventions fiscales avec des pays tels Malte et Chypre doivent donc être abolies dans les meilleurs délais. Les scandales ont assez duré.

Revenu étranger accumulé tiré de biens (« règles de FAPI »)

D'entrée de jeu, je dois préciser qu'entre fiscalistes, lorsqu'on parle des règles de FAPI, on en rit un bon coup parce qu'elles sont complexes et que très peu d'entre nous les maîtrisent réellement.

L'objectif de ces règles est d'empêcher les résidents canadiens d'éviter ou de reporter le paiement d'impôts canadiens sur les revenus de placements étrangers. Elles ont une application importante pour les fiducies de placements extraterritoriales et les multinationales. Ainsi, un résident canadien doit inclure dans son revenu le pourcentage du revenu tiré de biens d'une société étrangère affiliée dont il a le contrôle. Notons que de telles règles ne trouvent toutefois pas d'application pour les transactions telles que celles qui étaient conclues par Irving

Oil Limited et Coke, parce que la portée de ces règles se limite au revenu de placements alors que les sociétés qui travaillent avec les prix de transfert réalisent des revenus d'entreprise.

***

Des brosses à dents à 5 655 $US

Même si le fisc canadien a prévu certaines règles fiscales qui, en apparence, peuvent paraître complètes et complexes, les multinationales réussissent à les déjouer sans trop se forcer. Elles allègent ainsi leur fardeau fiscal canadien et nous en transfèrent la note : ce qui équivaut à une facture d'impôts qui s'élève à 400 millions seulement pour Irving Oil, Coca-Cola et les trois sociétés pharmaceutiques déjà mentionnées.

En ce qui a trait spécifiquement aux prix de transfert, la situation est devenue incontrôlable aux États-Unis. En effet, on estimait qu'en 2000, les pertes fiscales provenant des prix de transfert artificiellement fixés par les multinationales s'élevaient à une somme de 45 milliards de dollars américains. On fait ainsi référence à des situations où des sociétés se transfèrent des brosses à dents à un prix de 5 655 $US l'unité, ou encore des seringues à 2 306 $US!

Chapitre 12

LA CROISADE DE L'OCDE

– L'Organisation de coopération et de développement économiques – Comment identifier un paradis fiscal – La liste noire de l'OCDE – Une portée très limitée.

Lorsqu'il est question des paradis fiscaux, il est essentiel de prendre en considération le rôle de l'Organisation de coopération et de développement économiques (OCDE). En effet, en 1998 l'OCDE a lancé une initiative qui consiste à mettre en place, d'ici la fin de l'année 2005, un échange d'informations avec les paradis fiscaux en cas d'enquête pour évasion fiscale. Cette nouvelle donnée risque d'avoir un effet non négligeable sur la popularité des paradis fiscaux auprès d'un certain type de contribuables des pays industrialisés.

L'OCDE a été constituée en 1960. Elle est bien connue pour promouvoir des politiques qui visent à réaliser une plus forte expansion de l'économie et de l'emploi et une progression du niveau de vie dans les pays membres. À l'origine, vingt pays avaient signé la Convention relative à l'OCDE et depuis, dix autres pays y ont adhéré. L'Organisation est composée des pays membres suivants : [88]

ALLEMAGNE : 27 septembre 1961

AUSTRALIE : 7 juin 1971

AUTRICHE : 29 septembre 1961

BELGIQUE : 13 septembre 1961

CANADA : 10 avril 1961

CORÉE : 12 décembre 1996

DANEMARK : 30 mai 1961

ESPAGNE : 3 août 1961

ÉTATS-UNIS : 12 avril 1961

FINLANDE : 28 janvier 1969

FRANCE : 7 août 1961

GRÈCE : 27 septembre 1961

HONGRIE : 7 mai 1996

IRLANDE: 17 août 1961

ISLANDE : 5 juin 1961

ITALIE : 29 mars 1962

JAPON : 28 avril 1964

LUXEMBOURG : 7 décembre 1961

MEXIQUE : 18 mai 1994

NORVÈGE : 4 juillet 1961

NOUVELLE-ZÉLANDE : 29 mai 1973

PAYS-BAS : 13 novembre 1961

POLOGNE : 22 nov. 1996

PORTUGAL : 4 août 1961

RÉP. SLOVAQUE : 14 déc. 2000

RÉP. TCHÈQUE: 21 déc. 95

ROYAUME-UNI : 2 mai 1961

SUÈDE : 28 septembre 1961

SUISSE : 28 sept. 1961

TURQUIE : 2 août 1961

Les pays membres de l'OCDE ont en effet réalisé depuis longtemps que des mesures devaient être prises pour contrer les pratiques fiscales nuisibles des paradis fiscaux et « leur concurrence fiscale dommageable ».

Comment identifier un paradis fiscal

Au départ, l'OCDE a élaboré des principes de base permettant d'identifier les paradis fiscaux : le manque de transparence et l'absence d'échange d'informations avec les autorités fiscales des autres pays. Sur cette base, l'OCDE a identifié rien de moins que 41 États et territoires répondant à la définition de paradis fiscal. En voici la liste :

Andorre	*Jersay*
Anguilla	*Le Liberia*
Antigua et Barbuda	*Liechtenstein*
Aruba	*Les Maldives*
Îles Bahamas	*Îles Marshall*
Bahrën	*Monaco*
Barbade	*Montserrat*
Belize	*Nauru*
Îles Vierges britanniques	*Les Antilles néerlandaises*
Îles Vierges amé.	*ÎlesTturques/Caïques*
Guernesey-Sercq-Aurigny	*Niue*
Îles Cook	*Panama*
La Dominique	*Saint-Chistophe et Nevis*
Gibraltar	*Sainte-Lucie*
La Grenade	*Saint-Vincent et les Grenadines*
Île de Man	*Îles Samoa occidentales*
Les Seychelles	*Tonga*
Vanuatu	*Les Bermudes*
Les Îles Cayman	*Chypre*
Malte	*Maurice*
St-Martin	

Certains paradis fiscaux ont accepté de collaborer avec l'OCDE et d'autres s'y refusent toujours.

Ainsi, avant même que l'OCDE n'ait rendu publique sa première « liste noire » des pays non coopératifs en juin 2000, les Bermudes, les Îles Caïmans, Chypre, Malte, Maurice et St-Martin s'étaient engagés à collaborer. Aujourd'hui, 33 paradis fiscaux ont accepté de coopérer. En outre, Tonga, Maldives et la Barbade, territoires considérés comme étant des paradis fiscaux *non coopératifs* par l'OCDE en juin 2000 ne le sont plus, suite aux modifications en profondeur de leur législation.

La liste noire de l'OCDE

Voici donc à l'heure actuelle les 5 pays qui sont toujours sur la liste noire de l'OCDE :
Andorre, Libéria, Liechtenstein, Îles Marshall et Monaco.

À compter de 2005, les pays qui ne coopéreront pas avec l'Organisation seront sujets à des sanctions d'ordre fiscal de la part des pays membres de l'OCDE. À titre d'exemple, les pays membres pourraient mettre en place une taxe décourageant le placement de fonds dans les pays visés ou l'abrogation des traités fiscaux bilatéraux avec les pays membres.

Notons que l'OCDE n'enquête pas sur le blanchiment d'argent sale. C'est le Groupe d'action financière sur le blanchiment des capitaux, le GAFI, qui est responsable de cette mission. Pour n'en nommer qu'une seule, Nauru compte environ 450 banques que l'on soupçonne de participer au blanchiment d'argent, particulièrement pour le compte de la mafia russe.

Tel que le précisait monsieur Gabriel Makhlouf, président du Comité des affaires fiscales de l'OCDE :

« Le succès de ce projet sera en définitive bénéfique pour tous les pays : les pays membres de l'OCDE et les économies

non-membres, les pays en développement et les économies en transition. Le respect des engagements de transparence et d'échange efficace de renseignements contribuera à préserver les bases d'imposition et devrait par conséquent aider les pays en développement à mobiliser leurs propres ressources nationales pour le développement (...) »[89]

Beaucoup d'espoir repose sur ce projet qu'a entrepris l'OCDE et plusieurs souhaitent qu'il pourra se rendre à terme et qu'il aura la portée souhaitée. Si c'était le cas, cela aura pour résultat une levée partielle du secret bancaire auquel sont confrontées quotidiennement les autorités fiscales canadiennes. Il pourrait même indirectement limiter les transferts de capitaux en considérant l'avantage fiscal réduit.

***

Une portée très limitée

Il apparaît tout de même que l'effet dissuasif des mesures de contrôle adoptées pourrait être limité pour les raisons suivantes :

- les contribuables canadiens faisant affaire dans les paradis fiscaux par le biais de sociétés anonymes, par exemple, pourront difficilement être retracés;
- lorsqu'il aura perdu la trace de l'argent, il sera pratiquement impossible pour le fisc canadien d'obtenir des informations sur un contribuable quelconque dans un paradis fiscal;
- qu'en est-il des paradis fiscaux non collaborateurs avec l'OCDE?
- dans le meilleur des scénarios où le fisc canadien aurait obtenu toutes les informations souhaitées des institutions

187

financières dites « offshore », il ne pourra pas, en pratique, saisir les fonds placés par le contribuable canadien.

QUATRIÈME PARTIE

CES MULTINATIONALES
QUI NE PAIENT PAS D'IMPÔTS

Chapitre 13

COMBIEN DE CENTAINES DE MILLIARDS LES MULTINATIONALES DOIVENT-ELLES À L'ÉTAT?

– Des impôts reportés aux calendes grecques – En quoi consiste le « passif d'impôt futur »? – À l'exemple de votre REÉR – Impôt reporté égale en fait impôt non payé – Un cadeau de 5 milliards de Paul Martin aux grandes sociétés – Les véritables profiteurs – Les compagnies de chemins de fer : comment être riches sans payer d'impôts – Le fisc : le plus important créancier du CN – Le CP : 1,7 milliard de bénéfice et 1,3 % d'impôt – Les compagnies pétrolières : plus on est riche, moins on paie – L'industrie pétrolière : l'ampleur du favoritisme fiscal – Un exemple parmi tant d'autres : Oxford Shopping Centres Ltd.

Des impôts reportés aux calendes grecques

Une multitude de méga-sociétés, tout en réalisant des profits de plusieurs milliards de dollars, réussissent à reporter leurs impôts aux calendes grecques.

Je suis de la génération où « gagner le million » faisait de vous une personne qui n'avait plus besoin de travailler. Lorsque mon père me disait qu'un tel était millionnaire, on n'arrivait même pas à imaginer à quel point cette personne était riche. De nos jours, et je suis toujours surprise de le constater, l'unité de mesure des riches est devenue le milliard. J'entends donc par méga-sociétés ces empires canadiens où on discute effectivement de milliards comme s'il s'agissait de menue monnaie.

191

Évidemment, ces méga-sociétés sont aussi expertes pour contourner le fisc canadien et lorsqu'elles s'y adonnent, on parle forcément de milliards de dollars. Ainsi, tel qu'expliqué dans les chapitres précédents, la plupart de ces sociétés canadiennes travaillent avec des entités qu'elles ont installées dans les paradis fiscaux. Vous apprendrez dans le présent chapitre que ces mêmes sociétés réussissent aussi à contourner le fisc en profitant d'une série d'incitatifs fiscaux leur permettant théoriquement de reporter leurs impôts dans le futur. Une multitude de mesures avantageuses dont l'effet combiné est de soustraire du fisc canadien les énormes profits de plusieurs de ces méga-sociétés richissimes.

Une étude effectuée en 1999 auprès des plus grandes sociétés canadiennes cotées en bourse a permis d'apprendre, qu'ensemble, elles ont réussi à reporter plus de 30 milliards de dollars d'impôts, impôts qui auraient dû être payés et qu'elles ne paieront pas.[90]

Les méga-sociétés sont donc inévitablement les grandes gagnantes parmi les contribuables qui réussissent à ne pas payer d'impôts. D'ailleurs leur poste de « passif d'impôts futurs » apparaissant dans leur bilan, le confirme.

Pour bien comprendre comment ces sociétés présentent dans leurs bilans des postes importants d'impôts reportés, il y a d'abord lieu de comprendre la gymnastique fiscale de l'impôt reporté. Et pour savoir comment les grandes sociétés profitent de l'impôt reporté, rien de tel que d'examiner leurs rapports annuels : on y constate alors que plusieurs d'entre elles se financent principalement sur le dos des contribuables canadiens et ce, à coup de milliards!

En quoi consiste le « passif d'impôt futur »?

Le « passif d'impôt futur » est ce que l'on nommait anciennement « l'impôt reporté ». Comment est-il créé et d'où provient-il? Il s'agit d'un concept que j'ai eu l'occasion d'expliquer à plusieurs reprises à des profanes en la matière et j'ai remarqué qu'en le comparant avec le mécanisme du Régime enregistré d'épargne-retraite, le REÉR, je réussis plus facilement à me faire comprendre.

À l'exemple de votre REÉR

L'État nous encourage à contribuer dans notre REÉR en nous permettant une déduction fiscale équivalente à la somme versée. Notre impôt à payer est alors reporté jusqu'à notre retraite ou jusqu'au moment où on retire les sommes de notre REÉR. Si on avait à compiler tous nos avoirs et qu'on y incluait le montant accumulé dans notre REÉR, on induirait notre banquier en erreur parce qu'il s'agirait d'un actif qui comporterait implicitement une dette fiscale. En effet, une présentation de nos avoirs serait plus réaliste si on y incluait dans les dettes le montant d'impôts qu'on aura à payer dans le futur, au moment où on encaissera nos REÉR. Alors, cette dette pourrait, en quelque sorte, être nommée un « passif d'impôt futur » applicable aux particuliers ayant contribué à un REÉR.

Le « passif d'impôt futur » applicable aux entreprises fait référence au même principe qui consiste à refléter dans son bilan l'impôt qu'elle a réussi à reporter dans le futur et qu'elle prétend avoir à payer un jour. En termes plus comptables et pour faire plaisir à mes consœurs et confrères, je dirai qu'il s'agit de l'impôt éventuel résultant de l'écart entre les valeurs comptables et fiscales des éléments d'actifs et de passif.

Pour jouir d'un report d'impôts, les entreprises peuvent prendre avantage d'amortissement accéléré sur certains actifs. En procédant ainsi, elles reportent l'impôt aux années subséquentes durant lesquelles leur déduction pour amortissement ne sera pas aussi importante. À titre d'exemple, prenons l'amortissement accéléré de 100 % offert par Revenu Québec aux entreprises qui font l'acquisition d'équipement informatique[91].

De plus, les autorités fiscales ont toujours cherché à encourager les entreprises oeuvrant dans les secteurs d'exploration et des ressources naturelles et celles nécessitant des dépenses de recherche et développement. Pour ce faire, elles permettent à ces dernières de déduire leurs dépenses plus rapidement que la norme et de créer ainsi des reports d'impôt : en théorie l'entreprise devra payer des impôts plus élevés durant les années où elle profitera des bénéfices engendrés par de telles dépenses alors qu'elle ne pourra plus déduire de dépenses fiscales.

Impôt reporté égale en fait impôt non payé

Certains diront qu'il ne faut pas s'en faire avec l'importance que représentent maintenant les reports d'impôts parce qu'il s'agit d'entreprises qui ne font que « reporter des impôts » et qu'en bout de ligne, elles finiront par les payer. En pensant ainsi, on oublie le principe à l'effet que de « l'impôt reporté, c'est de l'impôt non payé ». Cependant, la pratique n'étant pas la théorie, les études sur le sujet et l'analyse des rapports financiers des grandes sociétés démontrent que les impôts sont reportés indéfiniment et que les postes de « passif d'impôt futur » ont même tendance à augmenter avec les années. À titre d'exemple, prenons la Compagnie des chemins de fer nationaux du Canada (« CN ») avec des reports d'impôts de 2,8 milliards de dollars en 1999 et des rapports 2002 démontrant une augmentation de 32 % avec des reports d'impôts de 3,7 milliards de dollars. On serait plutôt porté à croire que cette dette n'existe pas vraiment.

***

Un cadeau de 5 milliards de Paul Martin aux grandes sociétés

Lorsque Paul Martin, nous a informé, dans son budget 2000, qu'il réduirait les taux d'imposition des sociétés de 28 % à 21 %, que s'est-il vraiment passé? Pour la plupart, nous avons été heureux et on a remercié notre sauveur. Les méga-sociétés, elles, jubilaient parce que leurs passifs d'impôt futur venaient d'être réduits d'au moins 5 milliards de dollars si on considère qu'ensemble, elles devaient environ 30 milliards en 1999. Ça paraît bien et c'est une bonne façon de fermer le clapet des ennemis de l'impôt reporté parce qu'en 2000, on pouvait croire à une tendance à la baisse de ce phénomène. En réalité, cette réduction du taux d'imposition signifiait la radiation d'une dette de 5 milliards que devaient au trésor canadien les méga-sociétés.

***

Les véritables profiteurs

La plupart des méga-sociétés canadiennes sont les grandes gagnantes du système de report d'impôt, et elles pourraient en soi faire l'objet d'un récit à vous faire frémir. J'ai toutefois limité mon analyse à quelques-unes d'entre elles. Alors que vous payez 50 % d'impôt sur votre salaire, des sociétés riches à ne plus savoir comment lire les chiffres au bilan, réussissent

195

à s'en sortir en reportant leur impôt dans le futur, un futur qui s'apparente plutôt avec *jamais!*

Les compagnies de chemins de fer : comment être riches sans payer d'impôts

À la lecture de leur rapport annuel consolidé, la Compagnie des chemins de fer nationaux du Canada (« CN ») et le Chemin de fer Canadien Pacifique Limitée (« CP ») avaient, en 2002, des passifs d'impôt futur totalisant 5 milliards de dollars. Mais attendez, elles ont réalisé des bénéfices de 4,9 milliards durant les trois dernières années alors que leurs impôts, qui auraient dû être d'au moins 2 milliards, totalisaient seulement 445 millions de dollars. Alors que le CP réalisait en 2001 un bénéfice de 505 millions de dollars, ses impôts exigibles n'étaient que de 1,8 million. Comment font-elles?

À la lecture des rapports annuels, une grande partie de la réponse réside dans les actifs que détiennent les deux sociétés et du fait que le fisc accorde une dépense pour amortissement beaucoup plus généreuse que la durée de vie réelle des biens. Ainsi pour les locomotives, alors que les experts estiment qu'elles ont une durée de vie de 30 ans, le fédéral permet de les amortir à un taux de 15 %[92] présumant donc qu'elles auraient une durée de vie radicalement moins longue. Le même problème existe aussi pour les voies ferrées. Donc, en considérant que le CN détenait en 2002 des locomotives et des voies ferrées pour un coût de 20 milliards de dollars, il n'est pas surprenant d'aboutir avec de tels écarts « justifiés ».

Mais pourquoi le gouvernement s'acharne-t-il à « subventionner » indirectement de telles sociétés qui, manifestement, n'en ont aucunement besoin? On peut se référer au 6 décembre 1991, alors que le ministre des Finances du Canada, Don Mazandowski, expliquait qu'il allait augmenter le taux d'amortissement fiscal de tels biens afin de mieux refléter la dépréciation réelle qu'ils encourent. On arrive mal à concevoir qu'une locomotive n'a pratiquement plus de valeur après 10 ans!

***

Le CN et le CP sont sans contredit les riches des riches qui peuvent nous en montrer beaucoup sur la question « comment être riche sans payer d'impôts? » Les lignes qui suivent y répondent d'ailleurs en partie.

Le fisc : le plus important créancier du CN

Le Canadien National est le seul réseau ferroviaire qui traverse le continent d'Est en Ouest et du Nord au Sud. Les bilans du CN nous indiquent que la société avait réussi à reporter dans le futur des impôts totalisant 2,1 milliards en 1999 alors que le « fléau » avait atteint les 3,7 milliards le 31 décembre 2002. Le fisc a ainsi l'honneur d'être le plus important créancier du Canadien National!

Les rapports financiers du Canadien National (« CN ») nous permettent d'en savoir assez pour conclure que durant la période du 1er janvier 1998 au 31 décembre 2002, cette société a réalisé un bénéfice net totalisant 4,25 milliards de dollars alors que ses impôts totalisaient 485 millions de dollars, un taux réel de 11 %. On s'éloigne ici de votre 50 %.

Le problème est maintenant que le CN ne peut plus faire marche arrière dans son système d'imposition privilégié. En effet, imaginons sa situation financière s'il avait eu à payer ses impôts au même titre que les autres entreprises du pays depuis 1998 : il aurait un trou d'au moins de 1,3 milliard de dollars dans ses liquidités, somme qu'il aurait eu à financer, puisqu'il a rarement eu de l'argent et des placements excédant les 50 millions de dollars depuis.

Le fisc est inévitablement un des gros partenaires du CN, en lui permettant de ne pas payer d'impôts et en équilibrant ainsi son fonds de roulement.

Le CP : 1,7 milliard de bénéfice et 1,3 % d'impôts

Le CP, pour sa part, se concentre dans le transport de marchandises au Canada et au nord des États-Unis. Oeuvrant dans la même industrie que le CN et détenant le même genre de biens, il n'est pas surprenant qu'il ait un profil fiscal similaire à celui du CN.

Ainsi, le bilan consolidé de la société au 31 décembre 2002 nous informait que la société avait un passif d'impôt futur de 1,1 milliard. De plus, on constatait qu'elle avait réussi à réduire sa dépense d'impôts à 23,9 millions de dollars pour les trois dernières années alors qu'elle réalisait un bénéfice net de 1,7 milliard de dollars, affichant ainsi un taux réel d'impôts de 1,3 %!

Les compagnies pétrolières : plus on est riche, moins on paie

Voyons maintenant comment s'en tirent quelques-unes des plus importantes sociétés pétrolières canadiennes :

Compagnies	Passif impôt futur	Bénéfice net	Impôt payé	%
	(milliards $)	(milliards $)	(millions $)	
Canadian Natural Ress.	3,187	1,046	7,6	0,72
Suncor energy inc.	1,353	1,144	74	6,47
Shell Canada Limitée	1,132	0,869	135	15,53
Talisman energy inc.	2,236	1,068	258	24,15

Tous les principes d'équité et de justice sociale sont remis en cause lorsqu'on constate que de telles situations existent. Pourquoi les pétrolières n'auraient pas à payer leur juste part d'impôt? Cette question a déjà été soulevée en 1998, au fédéral.

Ainsi, le Comité Technique sur la fiscalité des entreprises[93] (« Commission Mintz ») s'est penché sur les différentes règles fiscales dont profitent l'industrie minière et l'industrie des ressources naturelles. La Commission Mintz a donc constaté que le taux d'impôt effectif fédéral s'appliquant à cette industrie est d'environ 8 % et donc, nettement inférieur aux autres sociétés canadiennes. En conséquence, elle proposait de revoir en profondeur les règles de l'impôt sur le revenu applicables à ces secteurs d'activités, afin que soit réduit ce qui, dans le rapport final, est présenté comme des avantages indus par rapport à d'autres industries, tels l'allocation de ressources et l'amortissement accéléré.

Il va sans dire que depuis les recommandations de la Commission Mintz, l'industrie a exprimé son désaccord à un point tel qu'à ce jour, le gouvernement n'a toujours pas osé appliquer les conclusions du rapport Mintz. Bien au contraire, le budget 2003 du fédéral nous annonçait, dans une rubrique portant le titre *« Amélioration du régime d'imposition applicable au secteur canadien des ressources naturelles »* une série de mesures fiscales qui permettront une réduction de plus de 40 % du taux d'imposition effectif des sociétés œuvrant dans l'industrie du pétrole. En conclusion, les documents budgétaires nous l'indiquent clairement : « L'industrie du pétrole et du gaz paiera moins d'impôts sur les bénéfices en vertu de la mise en application de ce nouveau régime. »

***

L'industrie pétrolière : l'ampleur du favoritisme fiscal

On pourrait écrire un livre sur les règles fiscales applicables aux ressources naturelles. Par conséquent, il s'agit d'un défi de taille que de tenter de les résumer en quelques lignes. Je ne m'attends pas à ce vous deveniez des spécialistes en la matière mais je tiens tout de même à citer ces règles brièvement afin que vous puissiez constater l'ampleur du favoritisme envers cette industrie.

Ainsi, les principales dispositions fiscales spécifiques au secteur des ressources naturelles sont la déduction des frais d'exploration et des frais d'aménagement au Canada, les règles relatives à l'amortissement accéléré des biens amortissables, la déduction d'une dépense fictive que l'on nomme « allocation de ressources », le régime d'actions accréditives et l'allocation pour épuisement gagné. Des règles similaires existent aussi au niveau provincial.

La question à se poser à ce stade-ci de notre analyse est : est-il vraiment nécessaire que les sociétés déjà très rentables profitent de telles mesures fiscales préférentielles?

***

Un exemple parmi tant d'autres : Oxford Shopping Centres Ltd

Le cas d'Oxford Shopping Centres Ltd[94], société exploitant un centre d'achats à Calgary est intéressant parce qu'il illustre comment une portion de son poste d'impôt reporté fut créée. Ainsi, dans l'affaire, la contribuable exploitait un centre d'achat à Calgary. La clientèle du centre d'achat vivait des problèmes de circulation en périphérie et pour régler la situation, Oxford avait convenu d'une entente avec la ville en vertu de laquelle des travaux au réseau routier seraient exécutés par cette dernière en contrepartie de 488 575 $, à titre de taxes d'amélioration.

Oxford avait alors présenté ladite taxe d'amélioration comme une dépense d'entreprise, déductible sur 15 ans alors qu'elle avait déduit la totalité du montant dans l'année du paiement pour les fins fiscales. Évidemment, ce traitement fiscal fut refusé par le ministre du Revenu national qui accorda plutôt une déduction annuelle de 5 %[95]. L'histoire s'est rendue en cour et même s'il était évident que les profits d'Oxford étaient déformés par la déduction de la dépense sur une seule année, le juge a conclu qu'aux fins fiscales, le principe de l'appariement n'était pas applicable aux dépenses courantes. Par conséquent, ladite somme payée par Oxford pouvait être entièrement déductible dans l'année 1, nonobstant le fait qu'elle était amortie sur 15 ans aux fins comptables.

En prônant ce principe[96], on peut facilement imaginer que cette société et les autres sociétés de son groupe se retrouveront avec des postes d'impôt futur très importants au fil des années. C'est justement le cas puisqu'en 1999, la société avait fait un bénéfice d'environ 90 millions de dollars, un poste d'impôt futur de 30 millions et des impôts exigibles de 2,2 millions de dollars. En résumé, il s'agit de l'une de ces sociétés riches, ayant un taux d'imposition réel de 2,46 % et dont on finance 30 millions d'impôt.

Chapitre 14

LES « FLEURONS » QUÉBÉCOIS DE L'IMPÔT REPORTÉ

– Les « fleurons » québécois de « l'impôt reporté » – Cogeco inc. 170 millions de dollars – Astral Media inc. : 195,8 millions de dollars – Quebecor : 679,5 millions de dollars – Alcan et Domtar : 2,3 milliards de dollars – Molson inc. : 481 millions de dollars – BioChem Pharma : un cas à part, avec ses 160 millions de dollars – Groupe Saputo : 102 millions de dollars – Impôt reporté, jamais payé – Combien de centaines de milliards les sociétés doivent-elles à l'État? – Des subventions déguisées.

Les « fleurons » québécois de « l'impôt reporté »

Voici quelques analyses de la situation de quelques-unes des sociétés les plus riches au Québec, histoire de vous permettre de mieux connaître leur profil fiscal.

Cogeco inc. et Astral Media inc.

Cogeco et Astral sont deux entreprises québécoises qui ont déboursé d'importantes sommes pour procéder à l'acquisition de licences de radiodiffusion. Leurs rapports financiers nous expliquent donc que les postes de passifs d'impôt futur proviennent en grande partie de l'acquisition de ces licences.

Cogeco inc : 170 millions de dollars

Les entreprises de Cogeco sont fortement concentrées dans les secteurs de la communication, au moyen de la câblodistribution et de la radiodiffusion. En matière de câble, cette société est la quatrième en importance au Canada. Elle est aussi l'actionnaire majoritaire du réseau TQS et elle détient aussi des stations de radio.

Ainsi, Cogeco avait réussi, au 31 août 2002, à reporter 170 millions de dollars d'impôt dans le temps, représentant ainsi 10 % de la totalité de ses dettes. Un bon coup de pouce de la part du gouvernement! Ce n'est pas tout, elle dénichait de plus un taux d'imposition préférentiel de 7,6 %. En fait, depuis les derniers 4 ans, Cogeco a toujours réussi à abaisser son taux d'imposition réel moyen sous la marge du 5 %.

Astral Media inc : 195,8 millions de dollars

Astral Media est une entreprise spécialisée dans les médias au Canada. Elle a une présence importante dans les secteurs de la télévision spécialisée, payante et à la carte, de la radio et en affichage extérieur. Elle apporte un soutien important à la réalisation de productions télévisées canadiennes. Astral Media inc. est une société publique ayant comme principal actionnaire la famille Greenberg.

Les états financiers consolidés d'Astral démontraient au 31 août 2002 qu'elle avait reporté dans le futur des impôts totalisant 195,8 millions de dollars. Cette somme astronomique représente plus de 53 % de son endettement.

Quebecor : 679,5 millions de dollars

Lorsque j'ai commencé à analyser le cas de Quebecor, je me suis découragée alors que j'essayais d'y voir clair dans les diverses compagnies qu'elle détient. Sur son site Web, on nous simplifie la vie en nous présentant le globe terrestre. En y pointant, avec le curseur une région, on nous indique les compagnies qui s'y trouvent et qui appartiennent au groupe.

Je n'aurai tout de même pas la prétention d'avoir compris toute la dynamique et les stratégies fiscales du groupe à travers le monde. Je peux toutefois y lire que la société a un passif d'impôt futur totalisant 679,5 millions de dollars en 2002, des bénéfices de 460 millions et des impôts de 52,9 millions affichant donc un taux d'imposition réel de 12,6 %.

Alcan et Domtar : 2,3 milliards de dollars

Voici deux industries importantes dans l'histoire du Québec moderne : Alcan, c'est l'aluminium et elle fait travailler 53 000 personnes dans 41 pays; Domtar, c'est le papier et elle a 12 000 employés en Amérique du Nord. En 2002, ces deux sociétés, représentaient un passif d'impôt futur totalisant 2,3 milliards de dollars.

En 2002, Alcan avait un passif d'impôt futur totalisant 1,8 milliard de dollars, elle réalisait un bénéfice de 1,1 milliard et avait une charge d'impôt exigible de 360 millions. Depuis bientôt 20 ans, son passif d'impôt futur a toujours été largement supérieur à un milliard, alors il serait peut-être temps de réaliser que cette somme ne sera jamais remboursée au fisc. Admettons-le, il s'agit plutôt d'une subvention.

Quant à Domtar, elle avait un passif d'impôt futur de 549 millions de dollars en 2002, et ses impôts exigibles n'étaient que de 25 millions sur un bénéfice de 197 millions, affichant donc un faible taux d'imposition de 12,6 %.

Molson inc. : 481 millions de dollars

Molson inc est la plus importante brasserie au Canada. Encore aujourd'hui, la société est contrôlée par la famille Molson. Au cours des 3 dernières années seulement, elle a réussi à reporter le paiement de 343 millions de dollars d'impôt dans le futur. Ses plus récents états financiers faisaient donc mention du passif d'impôt futur totalisant 481 millions de dollars au 31 mars 2003. On pouvait lire à la note 8 des états financiers 2001 que les changements aux taux d'imposition corporatifs lui permettaient de réduire sa charge d'impôt futur de 25 millions de dollars. En fait, Molson a réalisé des bénéfices nets totalisant 872 millions de dollars durant les trois (3) dernières années alors qu'elle indiquait dans ses rapports financiers avoir payé, depuis le 1er avril 2000, seulement 73,2 millions de dollars d'impôt.

BioChem Pharma : un cas à part, avec ses 160 millions de dollars

Le groupe pharmaceutique britannique Shire Pharmaceuticals (« Shire ») a acheté en 2001, par le biais d'un échange d'actions d'environ 6 milliards de dollars, la firme québécoise BioChem Pharma, une vedette de l'industrie pharmaceutique canadienne. BioChem Pharma est reconnue grâce à son traitement 3TC contre le sida.

Le 31 juillet 2003, Shire annonçait la fermeture du centre de recherche de sa filiale canadienne BioChem et son intention de se départir de son secteur vaccins. BioChem ne conservera donc qu'environ 130 employés dédiés à la commercialisation des médicaments.

Et c'est maintenant que nos politiciens se questionnent à savoir si Shire a effectivement respecté les engagements qu'il avait pris auprès d'Ottawa pour obtenir l'approbation de l'achat de BioChem en 2001. À cet effet, on fait référence à la somme de 5,9 millions que devait verser Shire pour le laboratoire et aux dépenses de recherche qu'elle devait réaliser au Canada.

Il y a lieu de s'interroger sur la façon dont on pourra récupérer les 160 millions d'impôt reporté qui apparaissaient dans ses états financiers en 1999. Les règles comptables et fiscales me laissent croire qu'il est fort peu probable dans ce contexte qu'on puisse toucher cet argent un jour. Rappelons-le, la croissance de BioChem a été largement favorisée par les incitatifs fiscaux très généreux en matière de recherche et de développement justifiant en partie son impôt reporté. Un autre cas où l'impôt reporté s'apparente plutôt avec une subvention.

Groupe Saputo : 102 millions de dollars

Saputo a faim et ça fait plus longtemps qu'on le pense. D'être le premier producteur de fromage au Canada n'est pas suffisant, il veut aussi réussir à avoir le dessus sur le fisc et il semble avoir réussi avec ses impôts reportés totalisant 102 millions de dollars en 2003. Il faut dire que le fisc devient ainsi un important créancier de Saputo avec une dette représentant plus de 10 % de ses dettes totales.

***

Impôt reporté, jamais payé

L'analyse qui précède dans ce chapitre et le précédent, n'a aucunement la prétention d'être à la hauteur des divers rapports financés par Ottawa et qui n'aboutissent nulle part, elle présente sommairement le profil fiscal simplifié de 16 sociétés canadiennes. Ces sociétés, que j'ai choisies pour leur secteur d'activité et pour leur popularité, ont accumulé ensemble 18 milliards d'impôt reporté. Des sociétés qui fonctionnent avec des taux d'imposition préférentiels bien en deçà du taux théorique. En analysant leurs rapports financiers, je vois mal comment la situation pourrait se renverser sans bafouer les investisseurs. En effet, la situation financière de plusieurs d'entre elles ne permettrait pas le remboursement de cette supposée dette d'impôt. Souvent, la latitude de leurs fonds de roulement s'appuie sur le fait qu'elles réussissent à reporter des impôts dans le temps.

207

Reprenons le cas du CN qui doit plus de 3,7 milliards d'impôt, comment cette méga-société pourra-t-elle rembourser une telle somme? Ou encore, Canadian Natural Resource Ltd qui en doit 3,2 milliards, comment ses autres créanciers et ses actionnaires réagiraient si elle devait leur apprendre qu'elle doit commencer à rembourser les 3,2 milliards qu'elle doit au fisc. Ou encore, que son bénéfice net de 570 millions en 2002 doit être réduit de 30 % parce qu'un intérêt est maintenant chargé par le fisc sur les impôts reportés, représentant 160 millions annuels en considérant un faible taux de 5 %.

Combien de centaines de milliards les sociétés doivent-elles à l'État?

Même si certains investisseurs risquaient ainsi d'être déçus des performances réelles de leurs stars, la réalité est qu'il s'agit de méga-sociétés qui devraient payer leur juste part d'impôts. Si 16 sociétés canadiennes devaient environ 18 milliards de dollars aux autorités fiscales en 2002, on peut frémir en pensant à l'ampleur du fléau pour l'ensemble du pays. Ce sont là des sociétés ayant les moyens d'acquitter leurs impôts et qui affichent des bénéfices importants. En effet, prenons le cas de Quebecor et Domtar, des entreprises qui présentent dans leurs états financiers respectifs des taux d'imposition de 35,2 % et de 37,1 % alors qu'en réalité, elles ont eu à supporter une charge fiscale de 12,6 %.

Il s'agit donc d'un écart de plus de 24 % entre le taux d'imposition théorique et le taux d'imposition réel, qui en termes d'impôt, est principalement dirigé dans le fameux poste d'impôt futur présenté dans le bilan des sociétés. Un poste qui en dit donc beaucoup et qui mesure directement le niveau d'équité dans notre système d'imposition. Un passif envers les autorités fiscales que les entreprises enregistrent dans leur bilan, qui ne comporte pas d'intérêts et dont nous ne pourrions même pas établir de date d'échéance si ce n'est qu'il n'est normalement pas remboursé. Un manque à gagner qui représente plusieurs milliards au Canada et qui est supporté, encore une fois, par les contribuables qui sont tenus de payer intégralement leurs impôts.

Suite à ces constatations, on peut se demander pourquoi le gouvernement canadien ne réagit pas. Pourquoi endurer une telle situation alors qu'il s'attarde à des règles aussi pointues que l'imposition des « Air Miles » pour les particuliers?[97] Ils préfèrent se cacher derrière un mur nommé « équité fiscale » où les taux d'imposition théoriques des méga-sociétés canadiennes varient entre 37 % et 40 % alors qu'ils savent très bien qu'elles réussissent à payer deux fois moins.

Des subventions déguisées

En analysant la situation d'Alcan, du CN, du CP et de plusieurs sociétés pétrolières, on remarque que leur poste d'impôt reporté excède un certain cap depuis des dizaines d'années confirmant ainsi qu'une portion importante de la dette est devenue en fait une subvention. Mais cette fois-ci, n'oublions pas les règles : une subvention, c'est imposable…

CONCLUSION

Notre système fiscal est manifestement inéquitable et injuste parce qu'il permet un traitement favorable à certains riches qui réussissent trop souvent à ne pas payer leur juste part d'impôts. Vous avez pu constater que les cas cités dans ce livre ont creusé un trou dans les recettes fiscales de plusieurs milliards de dollars durant les dernières années. Je constate plus que jamais qu'un grand ménage s'impose. Je dois toutefois admettre, et vous ne serez pas surpris de l'apprendre, que je me questionne sérieusement sur la capacité de nos gouvernements d'entreprendre une telle tâche.

En terminant la rédaction de ce livre, je constate que je n'ai fait qu'effleurer le sujet. Si j'avais eu accès aux dossiers d'État, si j'avais obtenu des réponses à mes questions, soumises aux autorités fiscales à l'intérieur d'un délai raisonnable et que j'avais été supportée par une équipe de recherchistes, j'imagine que j'aurais rédigé 10 tomes sur le sujet.

Je pressens néanmoins que la publication de ce livre ne laissera personne indifférent. Des journalistes, des gens d'affaires et bien d'autres à qui j'ai soumis certains extraits, attendent sa publication avec impatience mais rares sont ceux qui veulent s'y associer. Ils me félicitent de mon courage et soulignent la pertinence de l'ouvrage mais ils le font en secret. Le sujet et surtout son traitement dérangent des intérêts importants.

J'espère que ce livre n'est que le début d'une époque où lorsque l'on vous parlera d'impôt, on parlera votre langage et on s'assurera que vous comprenez les enjeux parce qu'après tout, c'est de votre argent qu'il s'agit. Pour ma part, j'ai bien l'intention de poursuivre ma démarche.

NOTES

[1] Plusieurs faits soulevés dans cette section et le présent tableau proviennent d'un texte de Léo-Paul LAUZON, *Vidéotron – Tous dans la poche de l'un,* 8 mai 2000.

[2] Porte-parole de Vidéotron, Marc Snyder.

[3] Défense de monsieur Claude Chagnon dans le cadre de la poursuite intentée par Quebecor.

[4] Radio-Canada, 5 avril 2000.

[5] Jean-Paul SOULIÉ « La personnalité de la semaine », *La Presse,* 26 mai 2002.

[6] Contrairement à 50 % dans les cas où on fait affaire à une vente des actions.

[7] En termes plus techniques, on profite ainsi des sommes accumulées dans le compte de dividende en capital, un compte ultra avantageux en impôt parce que l'actionnaire peut y retirer le montant accumulé, libre d'impôts.

[8] En présumant que les actions étaient principalement détenues par les sociétés de gestion et en considérant donc l'impôt personnel exigible au moment où l'argent est versé aux actionnaires.

[9] L'avantage découlant du taux d'inclusion réduit de 25 % sur le gain en capital est considéré dans ce chiffre.

[10] Jean-Paul SOULIÉ « La personnalité de la semaine », *La Presse,* 26 mai 2002.

[11] Dominique FROMENT « La Loi de l'impôt change pour les Chagnon », *Les Affaires,* 23 février 2002.

[12] Sophie COUSINEAU « Du tofu et de la charité (4) », *La Presse,* 3 mai 2002.

13   Communiqué du Cabinet du ministre de l'Emploi, de la Solidarité sociale et de la Famille, 16 juin 2003. Le projet avait déjà été annoncé dans le budget 2003-2004 du ministère des Finances du Québec.

14   Qui se concrétisait par le biais d'une fusion.

15   Claude TURCOTTE, « Le virage dangereux des Bronfman », *Le Devoir*, 3 juillet 2002.

16   Comité de la Chambre des communes, Comité Permanent des finances, jeudi 7 novembre 1996, intervention de monsieur Yves Rocheleau, député de Trois-Rivières, Bloc québécois, à la Chambre des communes (depuis 1993).

17   Opinion dissidente – Scandale des fiducies familiales, Troisième rapport du comité permanent des comptes publics, Bloc québécois « L'institutionnalisation d'un camouflage éhonté ».

18   Ministère des Finances du Canada, Le Budget de 2003.

19   « Notes pour une allocution du ministre des Finances », Paul Martin, à la Chambre des communes, Ottawa, le 2 octobre 1996.

20   Impôts sur le revenu : 50 %. Taxes de vente : 15 %. Autres taxes incluant notamment la taxe sur l'essence, la taxe sur les télécommunications, les impôts fonciers, la taxe scolaire et la taxe sur les assurances.

21   Maurice RÉGNIER, « De la transparence », APFF.

22   Wilfrid LEFEBVRE, La saga continue..., APFF.

23   Harris c. Canada, Cour fédérale, 19 décembre 2001.

24   GILES David E.A., TEDDS Lindsay M., « Taxes and the Canadian underground economy », *Canadian tax paper* no. 106, (Toronto : Canadian Tax Foundation, 2002).

25   Ministère des Finances du Québec, « Budget 2003 ». Les revenus autonomes se chiffraient à 41 004 millions de dollars et les transferts fédéraux totalisaient 9 305 millions de dollars.

26   « La GRC confirme que Cinar utilisait des prête-noms », *La Presse*, Samedi 15 avril 2000.

27   Rapport du vérificateur général du Canada 1994 – chapitre 31 – Points saillants.

28   Vérificateur général du Canada, Rapport annuel 1999.

29   Points saillants, Chapitre 2.

30   Parti libéral du Québec
– Le plan libéral de réduction des impôts;
– Pour une fiscalité plus transparente et plus équitable.

31   David JOHNSTON, David GAMBLE, "Veil of secrecy : Revenue agency won't say charity tax-cheats will be prosecuted" *The Gazette*, 23 septembre 2000.

32   Sam Kligman, Allan Sandler, Snapshot Theatrical Productions, Modern Wood Fabricators (MWF) inc. contre Le ministre du Revenu national (2003 CFPI 52). « Their probe of suspected donor in tax-fraud case » *The Gazette*, 22 septembre 2000.

33   David JOHNSTON, « Hundreds in Jewish community investigated; Federal officials continue

34   Site Internet de l'Initiatives Canada Corporation.

35   Somme donnée à l'ICC.

36   L'ICC doit nécessairement vendre au moins pour 5,5 millions de dollars de livres lui permettant d'encaisser des escomptes nécessaires pour absorber son fonds de défense de 500 000 $. 5,5 millions de dollars de livres, c'est aussi des reçus de dons d'au moins 30 millions en considérant que la juste valeur marchande des livres est au moins 5 à 6 fois plus élevée que leur coût.

[37] Gylliane GERVAIS, « The size of the underground Economy : A Statistics Canada View », Statistics Canada catalogue no.13-603 E, no. 2 Ottawa: Statistiques Canada, 1994.

[38] Lorsque l'on parle d'une « zone franche », on fait normalement référence à un territoire dans lequel les marchandises qui y sont introduites sont généralement considérées comme n'étant pas sur le territoire douanier au regard des droits et taxes.

[39] Selon Victor Malarek, journaliste de CBC « *The Fifth Estate* » 20 janvier 1998.

[40] Les intervenants dans le cycle de la contrebande qui avaient le rôle de faire passer les cigarettes à la frontière canadienne.

[41] Selon une entrevue de la CBC avec monsieur Tony Laughing, contrebandier mohawk de l'époque.

[42] Voir note 2.

[43] Aux États-Unis, 21 personnes ont plaidé coupable pour des accusations criminelles relativement à l'exportation illégale de produits du tabac et leur implication dans la contrebande.

[44] « Résumé de la cause », Ministère de la Justice Canada ; Quoi de neuf.

[45] « Le gouvernement loge un appel dans l'affaire relative à la contrebande du tabac », Ministère de la Justice du Canada, 28 juillet 2000.

[46] « Quatre millions en frais légaux », LCN National, 23 mai 2000.

[47] « La GRC porte des accusations criminelles contre une compagnie canadienne de tabac », Gendarmerie royale du Canada, Toronto (Ontario) 28 février 2003.

[48] En considérant l'impact de l'inflation.

[49] « Enjeux nationaux surveillés par le SCRC, Contrebande de tabac et d'alcool », Service canadien de renseignements criminels – 2003.

[50]   McKinlay Transport Limited et al. c. La Reine (1990) 1 R.C.S. 627

[51]   La Reine c. Colarusso (1994) 1 R.C.S. 20

[52]   91DTC5022

[53]   95DTC5653

[54]   1994BCJno437

[55]   1997BCJno1277

[56]   Young et al. v. La Reine (C.F. (1ère inst.)) 98 DTC 6029.

[57]   Voir Bilida c. MRN 97 DTC 5041, Taylor (R.T.) c. La Reine 95 DTC 591

[58]   Agence des douanes et du revenu du Canada, *« Votre avenir commence ici!»*, 2003.

[59]   Ministère du Revenu du Québec, *« Rapport annuel »*, 31 mars 2002.

[60]   Statistique Canada, 2001.

[61]   Warren James Jarvis c *Sa majesté La Reine*, Cour suprême du Canada, 2002.

[62]   US State Department.

[63]   Rapport annuel 1992.

[64]   Site « offshore » de la CIBC.

[65]   La mondialisation et la termitière des finances publiques, Vito Tanzi, *Finances & Développement*, Mars 2001.

[66]   *Attac Québec*; « Campagne contre les paradis fiscaux, la fraude et l'évasion fiscale ».

- ils transfèrent ou prêtent des biens à une fiducie étrangère;
- ils reçoivent une somme attribuée par la fiducie étrangère;
- ils possèdent une participation dans une société étrangère affiliée.

Il existe deux autres séries de règles similaires obligeant la déclaration de renseignements qui visent cette fois :

- les contribuables qui résident au Canada et dont une société non résidante est une société étrangère affiliée;
- certaines personnes qui ont effectué des transferts ou consenti des prêts à une fiducie étrangère déterminée.

[67]   Plus précisément, les contribuables sont assujettis aux règles relatives à la déclaration de biens à l'étranger s'ils se trouvent dans une des situations suivantes :

- ils possèdent plus de 100 000 $ de biens étrangers;
- ils transfèrent ou prêtent des biens à une fiducie étrangère;
- ils reçoivent une somme attribuée par la fiducie étrangère;
- ils possèdent une participation dans une société étrangère affiliée.

Il existe deux autres séries de règles similaires obligeant la déclaration de renseignements qui visent cette fois :

- les contribuables qui résident au Canada et dont une société non résidante est une société étrangère affiliée;
- certaines personnes qui ont effectué des transferts ou consenti des prêts à une fiducie étrangère déterminée.

[68]   Puisqu'il est prévu que les administrateurs de la société ou de la fiducie ne seront pas résidents du Canada.

[69]   La Barbade est une juridiction grandement appréciée dans ce genre de planification.

[70]   Canada Steamship Lines; Site officiel Internet.

[71]   Données accumulées en mars 2001 et présentées sur le site officiel Internet de Mapleleaf.

[72]   Canada Steamship Lines; Site officiel Internet.

[73]   « La compagnie de Paul Martin confie la gestion de ses bateaux à une société des Bermudes », André Noël, *La Presse,* 24 septembre 1999, p. C-3.

[74]   « Le Bloc propose un grand ménage au sein des entreprises canadiennes », Isabelle Rodrigue, *La Presse,* mercredi le 25 septembre 2002.

[75]   CBC Broadcast News, Disclosure, 1er avril 2003.

[76]   Rapport annuel 1992.

[77]   Paul Martin refuse de quantifier le coût du suivi du « Sommet des Amériques », Raymond Giroux, *Le Soleil,* 5 avril 2001.

[78]   *Presse Canadienne*, Ottawa, 26 février 2003.

[79]   « 9-1 pour la justice! », Marc Pigeon, *Le journal de Montréal,* 12 septembre 2003.

[80]   Tourism Resources, *The Rich and Famous in Ireland.*

[81]   Switzerland is yours, *« Célébrités en Suisse : Shania Twain ».*

[82]   Planète Québec, *Showbiz par Michèle Sénécal*, le 24 juin 2002.

[83]   SmithKline Beecham Animal Health Inc. c. La Reine.

[84]   Maintenant détenus par Coca-Cola Enterprises Inc.

[85]   Ce type de revenu d'intérêts est exempt des retenues d'impôts à la source des non-résidents.

[86]   Paragraphe 247(2) LIR.

[87]   Ministère des Finances, Canada.

[88]   Sites de l'OCDE.

[89]   Communiqué de l'OCDE, 18 avril 2002 « Liste des paradis fiscaux non coopératifs » – Déclaration du président du Comité des affaires fiscales de l'OCDE, Gabriel Makhlouf.

[90]   Impôts payés et impôts reportés par les compagnies canadiennes en 1999 : de la prétention à la réalité - *Plaidoyer pour un impôt minimum*; Léo-Paul Lauzon; Novembre 2000.

[91]   Cette mesure a été abolie pour les biens acquis après le 12 juin 2003.

[92]   Depuis le 27 février 2000

[93]   COMITÉ TECHNIQUE SUR LA FISCALITÉ DES ENTREPRISES, *Rapport du Comité Technique sur la fiscalité des entreprises*, Ottawa, 1998.

[94]   (79 DTC 5478 et 81 DTC 5065)

[95]   Déduction prévue à l'article 14 de la LIR.

[96]   Plusieurs arrêts de jurisprudence ont traité de cette question depuis et plusieurs ont confirmé et appuyé cette conclusion du juge Thurlow.

[97]   Agence des douanes et du Revenu du Canada, Division des entreprises et des sociétés de personnes, Direction des décisions en impôt, Direction générale de la politique et de la législation, 9 janvier 2003, décision 2002-0168007.

BIBLIOGRAPHIE

ALLARD, Pierre. « Question de principe », *Le Droit*, 2 août 2003.

BAKER, Albert. « Le rapport de la v.g. et les SEA, Faits saillants en fiscalité canadienne », *L'Association canadienne d'études fiscales*, vol. 11, no 1, janvier 2003.

BÉLANGER, Martin (Site Web). *Un caillou dans l'engrenage canadien*, 16 septembre 2003.

BINSSE, Lisa. « Les têtes tombent chez Cinar », *La Presse*, 7 mars 2000.

BOISVERT, Yves. « Ce qu'il manque aux enfants », *La Presse*, 4 décembre 2002.

BOISVERT, Yves. « L'éthique est un sport extrême », *La Presse*, 3 septembre 2003.

BOISVERT, Yves. « La Couronne réclame la prison contre Robert Obadia », *La Presse*, 9 juin 1998.

BOISVERT, Yves. « Obadia plaide coupable et s'en tire à bon compte », *La Presse*, 20 janvier 1998.

BOUSQUET, Daniel P. et DUBÉ, Yvan. « Démystifier l'enquête pour fraude fiscale, enquêtes spéciales », Colloque 1986, Faire affaire avec les autorités fiscales, APFF, 1999.

CANADA. AGENCE DES DOUANES ET DU REVENU DU CANADA. *Initiative de Revenu Canada visant l'économie clandestine*, Communiqués de presse, 25 février 1998.

CANADA. AGENCE DES DOUANES ET DU REVENU DU CANADA. *Rapport du vérificateur général du Canada 2002*, L'imposition des opérations internationales des résidents du Canada, Chapitre 4, Décembre 2002.

CANADA. CHAMBRE DES COMMUNES. MINISTÈRE DES FINANCES DU CANADA. *Notes pour une allocution du ministre des Finances, Paul Martin, à la Chambre des communes*, Nouvelles, Communiqués du ministère des Finances du Canada, note 19, Ottawa, 2 octobre 1996.

CANADA. COMITÉ PERMANENT DES FINANCES. *Rapport du Comité permanent des comptes publics sur le scandale des fiducies familiales*, Comité de la Chambre des Communes, 1996.

CANADA. CONSEIL DE LA RADIODIFFUSION ET DES TÉLÉCOMMUNICATIONS CANADIENNES. *Demande de renouvellement d'une licence de radiodiffusion pour une entreprise de distribution exploitant dans la zone de desserte de Victoriaville et les régions avoisinantes*, 20 novembre 1998.

CANADA. LE CENTRE D'ANALYSE DES OPÉRATIONS ET DÉCLARATIONS FINANCIÈRES DU CANADA (CANAFE). *Ligne directrice 1 : Renseignements généraux*, Le 24 mars 2003.

CANADA. Loi de l'impôt sur le revenu. CANADA. MINISTÈRE DES FINANCES DU CANADA. *Budget 2003.*

CANADA. MINISTÈRE DES FINANCES. *Rapport de la vérificatrice générale du Canada 2002*, Décembre 2002.

CANADA. MINISTÈRE DU REVENU NATIONAL. *Le Ministre du Revenu national contre Les Plastiques Algar ltée.* Ottawa, 21 janvier 2003.

CANADA. *Rapport du vérificateur général du Canada 1996, Points saillants, Autres observations de vérification*, Chapitre 1, Mai 1996.

CANADA. *Rapport du vérificateur général du Canada 1996, Questions d'une importance particulière*, Chapitre 31, Novembre1996.

CANADA. *Rapport du vérificateur général du Canada 1997, Rapport à la Chambre*, Annexe C, Décembre 1997.

CANADA. *Rapport du vérificateur général du Canada 2001, Le point sur une décennie au service du Parlement*, Février 2001.

CANADA. REVENU CANADA ET LE MINISTÈRE DES FINANCES. *Rapport du vérificateur général du Canada 1997, L'amélioration de l'administration du régime fiscal et des politiques commerciales : suivi de vérifications antérieures*, Chapitre 18, Octobre 1997.

CANADA. REVENU CANADA. *Rapport du vérificateur général du Canada 1994, Garantir l'équité du régime fiscal : la détection des non-déclarants et les Enquêtes spéciales*, Chapitre 3, Novembre 1994.

CANADA. REVENU CANADA. *Rapport du vérificateur général du Canada 1999, Points Saillants, L'initiative visant l'économie clandestine*, Chapitre 2, Avril 1999.

CANADA. REVENU CANADA. *Rapport du vérificateur général du Canada, Garantir l'équité du régime fiscal : la détection des non-déclarants et les Enquêtes spéciales.*

CANADA.Cour fédérale du Canada, *Collège Rabbinique de Montréal Oir Hachaim D'Tash and The Canada minister of the customs and revenue*, 9 juin 2003.

CANADIAN TAX FONDATION. *Transfert Pricing Is News, Canadian Tax Highlights*, 20 février, 1996.

CANOË (Site Internet), *Rogers soupçonne une intervention politique de Québec*, 1er septembre 2000.

CANOË (Site Internet). *Les Chagnon se préparaient depuis longtemps à vendre Vidéotron*, 5 avril 2000.

CANOË (Site Internet). *Poursuites du gouvernement contre des compagnies de tabac*, 14 août 2003.

CANOË (Site Internet*). Scaire souhaite une entente négociée.* Congrès APFF, 29 août 2000.

CASSIVI, Marc. « La société des auteurs décriée », *La Presse*, 11 mars 2000.

CLÉMENT, Éric. « Perquisition du fisc chez les maronites », *La Presse*, 14 septembre 1996.

CLOUTIER, Mario, « Aide sociale », *La Presse*, 17 juin 2003.

CÔTÉ, Charles. « Des îles où cacher un trésor... », *La Presse*, 24 mars 2000.

CÔTÉ, Charles. Vidéotron : « La Caisse a monnayé son veto 15 millions », *La Presse*, 8 juin 2000.

CÔTÉ, Denis. « Importantes hausses de taxes, sans reprise de contrebande », *Info-Tabac*, Novembre 2002.

COUSINEAU, Sophie. « Du tofu et de la charité », *(2). La Presse*, 16 février 2002.

COUSINEAU, Sophie. « Cinar pique du nez », *La Presse*, 22 février 2000.

COUSINEAU, Sophie. « Du tofu et de la charité », *(3). La Presse*, 27 février 2002.

COUSINEAU, Sophie. « Du tofu et de la charité », *(4). La Presse*, 3 mai 2002.

COUSINEAU, Sophie. « Du tofu et de la charité », *La Presse*, 30 janvier 2002.

COUSINEAU, Sophie. « Indigestion de tofu », *La Presse*, 8 mars 2002.

ÉTHIER, Guy et C. FRIGON, Roger. *Démystifier l'enquête pour fraude fiscale,* Colloque 1994, Vérification fiscale et recours, APFF, 2000.

FREEZE, Colin. "Government alleges offshore purchases were inflated to dodge Canadian taxes", *Globe technology*, 7 juillet 2001.

FREEZE, Colin. "Soft-drink giant could owe Ottawa more than $ 100 million in back taxes", *Globe technology*, 23 juin 2001.

FROMENT, Dominique. « La Loi de l'impôt change pour les Chagnon », *Les Affaires*, 23 février 2002.

GEORGES HARRIS (SITE WEB). « Qui veut m'aider à faire payer des impôts à un milliardaire? », *Bulletin sur les échappatoires fiscales,* Été 2001.

GINGRAS, Yves. « Au secours de BioChem! », *La Presse*, 9 septembre 2003.

GIROUX, Raymond. « Paul Martin refuse de quantifier le coût du suivi du Sommet des Amériques », *Le Soleil*, 10 septembre 2001.

JANNARD, Maurice. « Obadia se dit prêt à conclure un accord avec les gouvernements », *La Presse*, 29 septembre 1995.

JOHNSTON, David. "Hundreds in Jewish community investigated; Federal officials continue their probe of suspected donors in tax-fraud case", *The Gazette*, 22 septembre 2000.

La Reine contre Naji Abinader. Cour Supérieure, *Sa majesté.* District de Roberval, 26 mars 2001.

LAROCQUE, Sylvain. « Paul Martin refuse de vendre sa compagnie », *Presse Canadienne*, 26 février 2003.

LAUZON, Léo-Paul, *Vidéotron : Tout dans la poche de l'un.* Chaire d'études socio-économiques de l'UQÀM (Site Web), le 8 mai 2000.

LAUZON, Léo-Paul. *Impôts payés et impôts reportés par les compagnies canadiennes en 1999 : De la prétention à la réalité. Playdoyer pour un impôt minimum,* Chaire d'études socioéconomiques de l'UQÀM (Site Web), Novembre 2000.

LAUZON, Léo-Paul. *Promesses de jambes en l'air de Jean Chrétien.* Chaire d'études socio-économiques de l'UQÀM (Site Web), Décembre 2001.

LAUZON, Léo-Paul. *Terrorisme et paradis fiscaux,* Chaire d'études socio-économiques de l'UQÀM (Site Web), Février 2002.

LAUZON, Léo-Paul. *Vidéotron : Enrichissement privé... appauvrissement collectif.* Chaire d'études socio-économiques de l'UQÀM (Site Web), Février 2000.

LEFEBVRE, Wilfrid « La saga continue... », *revue de l'APFF*, vol 21, 2000.

MALBOEUF, Marie-Claude et CÔTÉ, Charles. « Cinar : Les actionnaires contre-attaquent », *La Presse*, 9 mars 2000.

MARSDEN, William. « La contrebande de cigarettes 1988-2000 », *The Gazette*, 19 décembre 1999.

MELNBARDIS-REUTERS Robert. *C'est fait : Quebecor achète Vidéotron,* Canoë (Site Internet), 13 septembre 2000.

MELNBARDIS-REUTERS Robert. *Claude Chagnon veut se battre contre la Caisse,* Canoë (Site Internet), 26 mars 2000.

MELNBARDIS-REUTERS, Robert. « Quebecor lancera sa filiale média en Bourse », *Le Devoir*, 9 septembre 2003.

MELNBARDIS-REUTERS, Robert. *Rumeurs grandissantes sur la bataille pour Vidéotron,* Canoë (Site Internet), 28 août 2000.

NOËL, André. « Présumée fraude fiscale de 60 millions au Collège rabbinique », *La Presse*, 6 mai 1999.

OCDE. Site Web. Divers documents portant sur les paradis fiscaux.

PALLE, Christophe et GODEFROY, Thierry. *Coûts du Crime. Une estimation monétaire des délinquances, 1992-1996*, Guyancourt, CESDIP, 1998.

PRATTE, André. « L'argent des autres » *La Presse*, 7 décembre 2002.

QUÉBEC. COUR DU QUÉBEC. *La Reine contre Naji Abinader.* District de Roberval, 10 septembre 1999.

QUÉBEC. Loi sur les impôts du Québec.

QUÉBEC. COMMISSION PERMANENTE DES FINANCES PUBLIQUES. *Enquête sur l'acquisition de Vidéotron par Quebecor,* 10 mars 2003.

RÉGNIER Maurice, « De la transparence », *Revue de l'APFF*, vol. no 20, 1998.

RÉGNIER Maurice, éditorial « Des éclaboussures! », *Revue de l'APFF*, no 18, 1996.

RODRIGUE, Isabelle. « Le Bloc propose un grand ménage au sein des entreprises canadiennes », *La Presse*, 25 septembre 2002.

RYAN Paul, *Conséquences d'une enquête au criminel et divulgation volontaire,* Colloque 1986, Faire affaire avec les autorités fiscales, APFF, 1999.

RYAN Paul, *Démystifier l'enquête pour fraude fiscale,* Colloque 1986, Faire affaire avec les autorités fiscales, APFF, 1999.

RYAN Paul. « Poursuites pénales contre les contribuables : des nouvelles décisions de la Cour d'appel du Québec ». *Revue de l'APFF*, vol. no 22, 2001.

SAUVÉ, Ève-Stéphanie. *Aspect pénal de nos lois fiscales,* Colloque 1986, Faire affaire avec les autorités fiscales, APFF, 1999.

SCHNEIDER, Friedrich et ENSTE, Dominik. "Hiding in the Shadows : The Growth of the Underground Economy, Fonds Monétaire International", *Economic Issues, No. 30*, 16 janvier 2003.

SERVICE CANADIEN DE RENSEIGNEMENTS CRIMINELS-2003, GENDARMERIE ROYALE DU CANADA, *Contrebande de tabac et d'alcool*, 2003.

SOULIÉ, Jean-Paul. « La personnalité de la semaine, Lucie et André Chagnon », *La Presse*, 26 mai 2002.

TISON, Marie. « La famille Chagnon plaide que la Caisse de dépôt a agi de mauvaise foi »,. *Presse Canadienne*, 3 avril 2000.

TISON, Marie. « La famille Chagnon refuse la proposition de Quebecor », *Presse Canadienne*, 31 mars 2000.

VAILLES, Francis. « La Fondation Chagnon et Québec créent un fonds », *La Presse*, 20 mars 2003.

VAILLES, Francis. « Petit château à vendre à Westmount : seulement 7,9 millions », *La Presse*, 10 octobre 2002.

VENNAT, Pierre. La saga de Nationair, *La Presse*, 5 décembre 1993.

TABLE DES MATIÈRES

Première partie
DEUX CAS NOTOIRES :
LES CHAGNON ET LES BRONFMAN

– André Chagnon est-il un magicien? – La multiplication des pains – Une partie de poker de 5,4 milliards de dollars – La transaction, en bref – Qui sont les grands gagnants? – Claude Chagnon : 200 000 $ de l'heure!

– Un don de 1,4 milliard... – ... pour obtenir des avantages fiscaux de plus d'un milliard de dollars – Une fondation financée aux trois quarts par les contribuables – On modifie les lois fiscales en faveur des Chagnon – Le « petit » mensonge du ministère des Finances du Canada – Comment faire la charité avec l'argent du fisc – Les restaurants Le Commensal – De président de Vidéotron à ministre « non élu » de la Solidarité sociale – Charité, quand tu nous tiens!

– Les Bronfman, détenteurs d'une fortune colossale – Le transfert de la fiducie des Bronfman – Ce qui ressemble à

Troisième partie
LA VÉRITÉ SUR LES PARADIS FISCAUX

Quatrième partie
CES MULTINATIONALES
QUI NE PAIENT PAS D'IMPÔTS